学术写作

主编　田　野

东北大学出版社

·沈　阳·

ⓒ 田 野 2025

图书在版编目（CIP）数据

学术写作 / 田野主编. -- 沈阳：东北大学出版社，

2025. 4. -- ISBN 978-7-5517-3782-1

Ⅰ. H152. 3

中国国家版本馆 CIP 数据核字第 2025RB0318 号

出 版 者：东北大学出版社

　　　　　地址：沈阳市和平区文化路三号巷 11 号

　　　　　邮编：110819

　　　　　电话：024-83683655（总编室）

　　　　　　　　024-83687331（营销部）

　　　　　网址：http://press.neu.edu.cn

印 刷 者：辽宁一诺广告印务有限公司

发 行 者：东北大学出版社

幅面尺寸：170 mm×240 mm

印　　张：10.75

字　　数：175 千字

出版时间：2025 年 4 月第 1 版

印刷时间：2025 年 4 月第 1 次印刷

责任编辑：周凯丽

责任校对：曲　直

封面设计：潘正一

责任出版：初　茗

ISBN 978-7-5517-3782-1　　　　　　　定 价：69.00 元

编委会

主　编：田　野

编　委（排名不分先后）：

序

自 1995 年"科教兴国战略"提出以来，我国把科技创新和教育事业摆在重中之重的位置，一大批重大原创成果领跑全球。科学技术是第一生产力，深入人心，全民科学意识觉醒。中国科教事业发展的良好环境，成为国家发展、民族振兴永不枯竭的重要源泉。有效交流科学研究成果的能力对于广大科技工作者来说至关重要，最直接的研究成果交流方式就是发表学术论文。发表学术论文是评价学者学术成就的重要标准之一。发表论文的质量常常被用来评估学者的研究水平和学术声誉。掌握学术论文写作技巧和方法能够有效地向更广泛的受众传达他们的观点、方法和研究成果。这不仅能促进学术交流和知识传播，还能促进学科的发展，解决现实世界的问题，并开辟新的研究方向和领域。因此，学术论文写作是科研人员，以及科研院所在读本科生、硕士研究生、博士研究生必须具备的能力之一。

本书的作者东北大学医学与生物信息工程学院田野副教授，有多年学术论文写作和教学经验，指导本、硕、博学生在 *Nano-Micro Letters*，*Advanced Functional Materials*，*Chemical Engineering Journal*，*Small* 等国际著名期刊上发表 SCI 论文 50 余篇。本书基于作者多年的教学经验及研究实践，对如何发表学术论文进行了深入的讲解及指导。全面介绍了学术论文写作的意义，并对学术论文每一部分都进行了拆分叙述，除此之外还包括论文的发表以及注意事项等内容。本书对立志做科研的初级科研人员以及高校的本、硕、博学生提高论文写作水平有着很大的帮助及借鉴作用。

2024 年 6 月

前　言

　　学术论文是学者分享研究成果、发表新观点和阐释新理论的主要媒介。研究者通过撰写和发表学术论文，能够有效传达他们的研究成果、方法和观点，促进学术界和社会大众之间的积极交流和知识传播。这一过程对于推动科学知识的发展至关重要。此外，学术论文的重要性不仅体现在学术领域，还在政府、行业和社会决策中发挥着关键作用。研究成果和观点通过学术论文被记录下来，为决策者提供了科学的依据和参考。在制定政策和进行决策时，依据学术研究的结论和证据，可以更加科学、客观地解决问题，确保决策的可持续性和有效性。良好的学术论文不仅是知识传播的工具，还是学者建立声誉和影响力的重要途径。优秀的论文通常会引起学术界和相关领域的关注，得到更多的引用和讨论。这有助于提升作者的学术地位，提高其在学术界和产业界的影响力，为其未来的研究和职业发展创造更多机会。本书以科技性学术论文为依托，系统介绍了科技性学术论文的写作方法、技巧以及需要注意的事项。按照科技性学术论文的结构设定，每个章节都对论文的不同部分进行了详细的阐述，并通过直观的实例加以说明，包括论文的题目、摘要、引言、材料与方法、结果与讨论、总结与展望、参考文献等必备部分。其中，引言部分是科技性学术论文的开端，其主要目的是概述研究的背景和意义，引导读者进入研究主题，提出研究问题。在写作中，作者应该清晰表达研究的动机，介绍研究现状和存在的问题。此外，引言还应该明确论文的目标并概述论文的主要研究内容，向读者作一个全面的背景介绍，使其能够理解研究的重要性和创新之处。材料与方法部分，作者需详细描述研究的设计、实验材料、数据收集方法及实验流程，确保研究可复制，让其他研究者能够根据作者的描述重新进行实验并验证结果。清晰的实验方法不仅有助于读者理解研究过程，还为后续研究提供了方法学上的参考。结果与讨论部分呈现实验结果并对其进行分析和解释。作者应该客观地呈现数据，使用图表和统计工具强化结果的可信度。其中讨论部分，作者需解释结果的意义、实验可能存在的局限性，并提出未来研究的方向。总结与展望部分旨在使读者对研究的整体框架和结论有一个清晰的了解，并激发对未来研究的兴趣。其中总结部分，作者要对整个研究进行回顾，强调研究的贡献和创新之处。展望一般出现在综述类文章中，需要在此部分指出可能的研究方向和未来工作。

除此之外，本书还提供了投稿过程示例。通过实际的投稿经验和流程示例介绍，读者可以了解学术论文的提交和审稿过程。这有助于消除初次投稿者可能面临的不确定性和担忧，使他们更加自信地参与学术写作和出版过程。投稿过程示例还可以指导作者选择合适的期刊、准备投稿材料，以及有效地与编辑和审稿人进行沟通。这对于论文成功见刊非常关键。

本书侧重理工科的学术论文写作，通过阅读本书，读者可以更好地了解和掌握科技性学术论文的写作规范，提高论文质量，增强学术交流的影响力。虽然编委会已经非常细致地进行编写和统稿，但是难免出现纰漏和错误，敬请读者多多指正，我们会不断完善、不断进步。向所有参与本书编写的学生表示感谢；本书的编写得到了东北大学医学与生物信息工程学院院长赵越和主任崔笑宇的大力支持，在此向他们致以深深的敬意和感谢。最后，祝本书的所有读者朋友科研顺利，成果丰硕！

于东北大学浑南校区小南湖
2024 年 6 月

目　录

第1章 学术写作的基本规则

1.1 学术写作的意义及学术期刊的划分

1.1.1 学术写作的定义

学术写作，作为一种至关重要的学术领域活动，本质上是一种专业的旨在创造和传播新知识、见解、结论的文体形成过程。这种写作方式不仅关注于传递已知事实，而且着重于这些事实的研究与分析过程，从而产生新的理解和洞见。学术写作的核心特征在于其深入的研究基础、明确的结构布局、强有力的论证过程，以及严谨客观的语言风格。

在学术写作中，作者需要运用严密的逻辑思维，构建清晰的论文结构，并以准确无误的证据来支撑其学术观点。这种写作形式强调客观性与中立性，要求作者在撰写过程中避免个人偏见，使用精准和专业的词汇表达，并严格引用权威的参考资料以支撑论点。正式和规范的语言风格是学术写作的特点之一，恰当地引用和使用参考文献则展示了学术诚信。原创性是学术写作的另一关键要素，这不仅体现在文本的独创性上，更体现在思想和方法的创新上。

学术写作不单是学习和研究的载体，而且是评估学术研究的主要手段。学术写作使研究者、同行和审阅人员能够深入理解作者的观点和发现，从而推动对所研究主题的深入理解。在学术领域中，学术写作的作用不可小觑，它是知识传播和科学探究的关键环节，要求作者不仅具备深厚的学术背景，还需遵循严格的写作规范。总而言之，学术写作是一个复杂而全面的写作过程，它旨在促进知识的传播和科学的探索，是学术界不可或缺的重要组成部分[1-2]。

1.1.2 学术写作的重要性

学术写作在学术交流中扮演着至关重要的角色，其不可替代的价值体现在多个方面，从促进知识传播到锻炼批判性思维等各个方面共同构成了学术写作的重要性[2-3]。

（1）知识传播与积累。

学术写作作为一种专业化的沟通方式，它使研究者能够将自己的发现、理论和见解传播到全世界。通过发表在学术期刊上，研究成果得以被广泛阅读和引用，从而促进了知识的积累、传播和科学的发展。

（2）科学方法论的体现。

学术写作要求作者不仅要有严谨的研究方法，还要具备清晰的表达能力。这种表达不是文字的堆砌，而是对复杂概念和数据的精确阐释。通过有效的学术写作，研究者可以确保其研究成果被同行正确理解，从而在学术界建立良好的声誉。

（3）批判性思维的展现。

学术写作还是一种批判性思维的展现。学术写作要求作者不断地质疑、分析和评价已有的研究，这种批判性思维的展现有助于提高研究的质量，并推动学科领域的边界扩展和深化。通过审视前人的工作，研究者可以发现其中的不足和局限性，并提出新的研究问题或方法，从而推动学科的进步。

（4）教育与学习的重要资源。

学术写作对于教育和学习也具有不可替代的作用。高质量的学术论文为学生和研究者学习新知识、掌握新技能提供了重要资源。通过阅读和分析学术论文，他们不仅可以了解最新的研究成果，还可以学习如何进行有效的研究和表达。学术论文中的案例分析、方法论和结论部分为学生提供了宝贵的学习范例和实践经验。

综上所述，学术写作不仅是知识传播和学科发展的重要工具，更是研究者思维能力和表达能力的锻炼场。它不仅促进了知识的传播和学科的发展，还提高了研究者的思维能力和表达能力,是科学进步不可或缺的驱动力。这不仅推动了科学进步的不断演进,更进一步促进了学术界的繁荣与发展。

1.1.3 学术期刊的类别

学术期刊是学术写作成果传播的主要渠道,它们按照不同的学科领域进行分类,每个领域都有其特定的期刊。这种分类不仅有助于学术研究者在自己的专业领域内查找和发布研究成果,也方便了跨学科的学术交流[4]。以下是几个主要学科领域及其代表性学术期刊的介绍。

(1)材料科学。材料科学是研究材料的组成、性能以及它们与各种应用的关系的学科。这个领域的顶级期刊包括但不限于《材料科学与工程报告》(*Materials Science and Engineering Reports*)、《先进材料》(*Advanced Materials*)、《先进功能材料》(*Advanced Functional Materials*)和《自然材料》(*Nature Materials*)等。这些期刊通常发表关于新材料、功能材料、材料工程以及纳米材料等材料方面的最新研究成果。

(2)计算机科学。计算机科学涉及计算理论、数据分析、软件开发等多个子领域。在这个领域中,顶尖的学术期刊包括但不限于《计算机科学年鉴》(*Annual Review of Computer Science*)、《ACM 计算机调查》(*ACM Computing Surveys*)和《IEEE 计算机》(*IEEE Computer*)等。这些期刊通常发表计算机算法、人工智能、机器学习、网络安全等方面的最新研究成果。此外,计算机领域学者也会把论文发到一些领域内的会议上,从某种角度来讲,这种会议和期刊的作用是相似的。

(3)工学。工学是应用科学的一个分支,它涵盖了机械、土木、电气、生物医学工程以及化工等多个子领域。代表性的期刊包括但不限于《工程学报》(*Journal of Engineering*)、《机械工程学报》(*Journal of Mechanical Engineering*)和《电气工程学报》(*Journal of Electrical Engineering*)等。这些期刊通常关注工程设计、制造工艺、自动化技术和可持续工程实践等工程方向。

(4)医学。医学领域的期刊主要关注人类健康,疾病的预防、诊断和治疗。著名的医学期刊包括但不限于《新英格兰医学杂志》(*The New England*

Journal of Medicine）、《柳叶刀》（*The Lancet*）和《美国医学会杂志》（*JAMA*）等。这些期刊涵盖了广泛的医学子领域，如临床医学、公共卫生和药理学等。

（5）物理学。物理学是研究自然界中基本力和物质的科学。在这个领域，重要的期刊包括但不限于《物理评论快报》（*Physical Review Letters*）、《自然物理》（*Nature Physics*）和《美国物理学会杂志》（*Journal of the American Physical Society*）等。这些期刊通常发表关于量子力学、相对论、天体物理学和凝聚态物理等物理领域的研究成果。

（6）生物学。生物学是研究生命和生物体的结构、功能、生长、起源、进化和分布的学科。代表性的期刊包括但不限于《自然-生物技术》（*Nature Biotechnology*）、《自然-遗传学》（*Nature Genetics*）和《细胞》（*Cell*）等。这些期刊都是这个领域中极具影响力的期刊，它们通常发表分子生物学、遗传学、生态学和进化生物学等子领域的最新研究成果。

（7）社会科学。社会科学期刊涵盖了人类行为、社会结构、文化、历史等多个领域的研究。在社会科学中，颇具声望的期刊包括但不限于《美国社会学评论》（*American Sociological Review*）、《经济学季刊》（*Quarterly Journal of Economics*）和《心理学年鉴》（*Annual Review of Psychology*）。这些期刊通常发表关于社会学、经济学、政治学、心理学等领域的创新研究成果。

（8）管理科学。管理科学期刊专注于商业管理、市场营销、财务和人力资源管理等领域。知名期刊有《管理科学》（*Management Science*）、《哈佛商业评论》（*Harvard Business Review*）和《行为科学与政策》（*Behavioral Science & Policy*）等。它们提供有关组织行为、战略管理、商业伦理和创新管理的深入分析。

（9）环境科学。环境科学期刊探讨与环境保护、生态学、气候变化和可持续发展相关的议题。著名的期刊包括但不限于《环境科学与技术》（*Environmental Science & Technology*）、《全球环境变化》（*Global Environmental Change*）和《生态学杂志》（*Journal of Ecology*）等。这些期刊通常发表关于环境政策、生态系统管理、自然资源保护和环境影响评估的研究成果。

（10）法学。法学期刊专注于法律理论、实践和政策的研究。重要的法学期刊包括但不限于《哈佛法律评论》（*Harvard Law Review*）、《耶鲁法律杂志》（*Yale Law Journal*）和《斯坦福法律评论》（*Stanford Law Review*）等。这些期刊覆盖了宪法、民事诉讼、国际法、知识产权法等多个法律子领域。

（11）艺术与人文科学。艺术与人文科学期刊探讨文学、哲学、艺术史等领域。在这个领域中，著名的期刊包括但不限于《现代语言协会杂志》（*PM-LA*）、《艺术史》（*Art History*）和《哲学评论》（*Philosophical Review*）等。这些期刊通常发表关于文学批评、艺术理论、历史哲学和文化研究的文章。

（12）教育。教育期刊专注于教育理论、政策和实践。知名的教育期刊包括但不限于《美国教育研究杂志》（*American Educational Research Journal*）、《教育心理学杂志》（*Journal of Educational Psychology*）和《教育评估与政策分析》（*Educational Evaluation and Policy Analysis*）等。这些期刊通常发表关于教育技术、课程设计、教学方法和教育政策的研究成果。

每个学科领域都有其独特的研究方法和议题，这些学科期刊提供了一个平台，让研究者可以分享他们的发现和见解。通过这些期刊的出版和传播，学术界能够不断进步，推动各学科领域的发展。同时，对于期刊的选择，研究者投稿时应当根据自己的研究方向和期刊的影响力、专业性来决定目标期刊。

1.2　学术写作的论文类型

学术交流中，各类论文扮演着独特且不可替代的角色，共同织就了学术界精彩且多元的知识图谱。学者通过这些不同形式的论文，以多样化的方式分享和传达他们的研究成果、见解以及经验[5]。学术写作涵盖了多种论文类型，每一种都以其独特的特点和明确的目的而存在，具体包括但不限于以下6种类型。

1.2.1　研究论文

研究论文（research paper）是学术领域的核心写作形式之一，通常用于呈现原始研究和发现。这类论文的主要特点是其对新知识、新发现或新理解的贡献。研究论文通常包括详细的方法、丰富的数据、深入的分析和讨论，以及结论部分，目的是使其他研究人员能够验证发现或基于此进行进一步的研究。研究论文一般包括三种形式：长文（full article）、短讯（letter）和通讯（communication）。其中，短讯和通讯是研究论文的特殊类型，通常篇幅短小，重点用于快速传播具有重大意义的初步研究结果。短讯和通讯通常是对特定科学问题的迅速响应，或是具有创新性的小规模研究。但通常这种短文写起来需要花费一些工夫，因为这两种论文类型一般会有字数和图片数量的要求，所以论文需要语言高度概括，同时还需要把论文内容和精髓写明白，这需要一定的写作功底。尽管如此，这两种快速发表的论文类型依旧受到绝大多数期刊和论文作者的欢迎。很多期刊已经不再特别区分短讯和通讯，可以模糊地认为二者是一样的。长文是一种详尽阐述原始研究的文体，通常篇幅很长，结构完整，阐释详尽，要求的字数和图片数量较多。目前，这种长文形式的文体只存在于少数学术期刊上。研究论文的编写要求严格遵守学术诚信，数据和方法的透明度是其核心。作者需要详细记录他们的实验方法和过程、统计分析方法和计算方法等，以便其他研究者可以进行复制研究。这种类型的论文需经过严格的同行评审，确保其科学性和准确性。它们通常具有以下特点：

（1）原创性。研究论文致力于揭示创新科学研究或发现，并为学术界和相关的社会各界提供新的见解和知识。这要求论文必须有创新性或独创性的内容。

（2）严谨性。研究论文要求采用严格的方法论和逻辑推理，以确保研究的可靠性和可重复性。这包括清晰的实验设计、样本选择、数据收集和分析方法等。

（3）结构化。研究论文通常包括摘要、引言、方法、结果、讨论和参考文献等部分。每个部分都有特定的功能和格式要求，以便读者能够清晰地理解研究的背景、目的、过程和结论。

（4）同行评议。研究论文在发表之前都会经过同行评议，由同一领域的专家评审并提出建议。这有助于确保研究的质量、科学性和合理性。

（5）学术价值。研究论文的质量和影响力是衡量科学研究成果的重要标准之一。它们对学术界的发展和社会的进步具有重要意义。

研究论文是科学交流和知识传播的重要渠道，推动着科学和技术的不断创新和进步。

1.2.2　评论

学术评论（comment）是对某一领域的某项学术成果，如书籍、学术文章、研究报告等进行深入分析、点评，并给出自己看法的一种学术写作形式。学术评论的目标在于帮助读者认识并理解某项具体的学术作品，揭示其价值、独特之处以及可能存在的问题。同时，评论也提供了从不同视角对同一项已有研究进行思考的机会，丰富了学术讨论的层次。

写作一篇学术评论时，作者需要批判性地阅读目标作品，分析其在研究设计、数据收集、结论推断等方面的优点与不足。同时，作者还应对作品的学术贡献进行评估，如提出了新的问题、新的视角、新的理论等。在结尾部分，作者可以提出自己对作品的总体评价。这类文章对于保持学术领域内知识的前沿性和相关性至关重要。通过对现有研究的批判性分析，评论可以揭示新的研究路径，促进学术讨论和理论发展。其特点包括：

（1）综合性。评论通常涵盖一个特定领域或主题的多个研究，对现有的文献进行全面的梳理和分析，以便读者深入了解和全面认识该领域。

（2）批判性。评论不仅仅是对研究的描述，还包括对其方法、结果和结论的批判性分析。评论者会评估研究的优点和局限性，并提出自己的观点和见解。

（3）整合性。评论往往通过整合和比较不同研究的发现和观点，以便读者全面认识该领域的最新进展和趋势。

（4）目的导向。评论的目的通常是帮助读者理解特定领域的现状、问题和挑战，并为未来的研究方向提供指导和启示。

（5）专业性。评论通常由该领域的专家或权威撰写，他们对该领域的研究和发展有深入的了解和见解。

评论对于促进学术交流、推动研究进展以及指导未来研究具有重要作用。

1.2.3　综述

综述（review）是对某一专题或领域内的文献进行总结、分析和评估的一种学术写作形式。其主要目的在于帮助读者了解该领域的研究进展，包括研究的主题、方法、结果、趋势以及未来可能的研究方向等，为读者提供对该领域的深入理解。

在写作一篇综述时，作者需要指出文献综述的目标和范围，选择相关文献，分析和评估文献的质量和意义，对文献内容进行整合，并按主题或概念进行组织。这里需要强调的是，综述不是简单的论文的堆叠或者对过往研究的罗列，综述更强调对已有研究成果的整理、总结和分析。在综述的结尾部分，作者还需对该领域的研究趋势进行预测，指出需要进一步研究或关注的问题。综述是一种对某一主题或领域的现有研究进行概述和总结的学术文章形式。其特点包括：

（1）全面性。综述旨在涵盖特定主题或领域的几乎所有重要研究文献，以供读者全面了解该主题或领域。

（2）系统性。综述通常采用系统性的方法收集、整理和分析文献，以确保对研究领域的全面覆盖和准确概括。

（3）整合性。综述通过整合和比较不同研究的发现和观点，以识别出该领域的共识、争议和未解之谜，为读者提供清晰的认识和理解。

（4）评估性。综述通常会对各个研究的质量、方法和结论进行评估和比较，以帮助读者识别出高质量的研究和可靠的结论。

（5）指导性。综述通常会为未来的研究提供指导和建议，包括可能的研究方向、方法和技术等。

综述是了解和把握特定领域研究现状和发展趋势的重要途径，对于研究人员、学生和决策者都具有重要的参考价值。因为它们提供了快速了解领域状态的途径。同时，它们也帮助资深研究者保持对最新趋势和发展的了解。

1.2.4　前瞻论文

前瞻论文（perspective）是一种较为主观的学术文章类型，此类论文针对某个主题现有的问题、基础概念或普遍的观念提出独特的观点、新的假设，或是讨论落实创新的含义。前瞻论文会聚焦在特定主题的目前发展和未来方向，也有可能包含原始数据和个人意见，其主要强调作者的个人观点、见解和对某一领域或主题的理解。这类文章可能包括对现有研究的解读、对未来研究方向的预测，或对某一学术问题的深入探讨。其特点包括：

（1）主观性。前瞻论文突出作者个人的观点和看法，强调作者在特定领域或问题上的独特见解。这使得观点论文不同于传统的客观性研究，更注重作者在主题上的主观思考和独特视角。

（2）引导性。前瞻论文常常具有引导性质，目的是引起读者对某一问题的深思和讨论。作者通过阐释自己的观点，试图影响读者对特定问题的看法或激发进一步的思考。

（3）立场明确。前瞻论文通常会在开篇明确作者的立场，并在接下来的篇幅中提供支持这一立场的论据和理由。这有助于读者更好地理解作者的观点。

（4）针对性强。前瞻论文通常针对特定问题、趋势或事件，力图通过作者的见解为读者提供独特的思考角度。这使得这类论文更加具有针对性和独创性。

（5）反思性。前瞻论文往往具有反思性质，作者可能会回顾自己的经验、学识或研究，并在此基础上形成独到的观点。这种反思不仅让读者了解作者的思考过程，还使得论文更具有人文关怀的特色。

前瞻论文在学术领域和社会讨论中占有重要地位，它不仅能够呈现作者的独立思考，还能够引导和激发读者对相关议题的思考。

1.2.5　叙述文

在学术写作中，叙述文（account）扮演着一个特殊的角色，主要用于生动而客观地描述研究过程、实验设计或科学观察，侧重于对亲身经历的研究或者成果所作的书面报道或叙述。这种文体旨在通过翔实的叙述，将读者引入研究者的视角，以更深入地理解科学实践。需要指出的是，这种文体一般只在一些特定的期刊上出现。

（1）叙述性。与其他学术文体相比，叙述文更注重用生动的语言和具体的描写，将研究者的经历、决策和实践过程呈现得栩栩如生。这有助于读者更贴近实际研究，感受研究者在科学领域的日常。

（2）客观性。相对于其他学术文章，叙述文更注重呈现真实的事实和经历，而非深入分析和推理。尽管叙述文突出了生动的叙述，但仍强调客观性。研究者应该以事实为依据，以客观的角度描述实验、观察或研究过程，确保读者能够清晰理解事件的发展。

（3）个人经历。叙述文常常涉及作者个人的经历，强调亲身经历的真实性和独特性。

（4）事件重现。叙述文的目标是通过生动的描写和详细的叙述，让读者像亲临现场一样重温特定事件或经历。

（5）情感体现。叙述文在呈现事实的同时，也允许作者在语言和情感表达上发挥较大的自由度，以更好地传达作者在特定事件或研究中的感受和体验。这使得读者能够更全面地理解研究者在科学实践中的个人体验、困惑和喜悦。

叙述文在学术领域和非学术领域都有应用，它能够使读者更直观地了解研究过程，增加人文关怀和情感色彩，为科学研究添加了一层深度和情感。通过生动的描写和客观的叙述，叙述文打开了一扇窗户，让读者深入了解科学研究者的思考过程和实践经验。

1.2.6　毕业论文

毕业论文（thesis/dissertation）是学生毕业阶段的学术写作文体，旨在全面总结个人研究成果，展示专业知识和研究技能的深度。这一学术形式具有以下特点：

（1）系统性。毕业论文通常要求对一特定问题或主题进行深入系统的研究，包括文献回顾、实证研究、数据分析等多个方面。

（2）原创性。与本科的毕业论文相比，研究生毕业论文更强调独立研究和原创性贡献。研究生需要通过自己的努力和思考，在特定领域进行一定程度的创新。

（3）方法论。毕业论文要求明确的研究方法和设计，包括实验设计、数据收集、分析方法等。这有助于保证研究的科学性和可靠性。

（4）全面性。毕业论文通常需要对相关研究和理论进行全面的回顾，以确保研究问题在学术上有足够的背景支持。

（5）学术规范。毕业论文要求符合学术写作规范，包括引用规范、格式要求等。这有助于保持学术道德和质量。通常所在学校会提供毕业论文写作规范文件，该文件会对论文的格式和规范等作出明确的要求。

（6）评审和答辩。完成毕业论文后，毕业生通常需要进行论文答辩，接受专家和学者的评审。这是高等教育中的重要环节。

毕业论文既是对学生个人学术能力的全面检验，也是培养学生学术素养的重要方法。通过完成毕业论文，学生能够展示自己在特定领域所学的知识和研究技能。这一学术写作形式是接受高等教育的学生学术生涯中的里程碑，对于未来的学术研究和职业发展具有深远的影响。因为每所学校对毕业论文都会有详细的行文规范或写作规范，所以在本书里我们对毕业论文不做过多讨论。

各种论文类型对写作技能的要求都有所不同，但都需要逻辑性强、细致入微的思考和写作过程。对于初学学术写作的人来说，熟悉这些类型的写作规则是非常重要的，同时，了解它们的特点和要求可以帮助作者更好地满足读者的需求，提高论文的质量。综上所述，以上6种学术论文各具独特的特点和目标。研究论文注重原创性、严谨性和学术贡献，是科学研究的基石。评论通过对已有研究的综合分析，为学术界提供深入的理解，并展望未来。综述则概括某一主题或领域的现有研究进展，为读者提供全面了解该领域的信息。前瞻论文突显作者的主观看法，引导读者深入思考和参与讨论。叙述文通过生动的叙述呈现研究过程和经历，加强人文关怀和情感体验。毕业论文是高等教育毕业生学术生涯的重要总结，强调独立研究和原创性贡献。

每一类论文都在学术领域发挥着独特的作用，推动着知识的创新和传播。

从严格的研究方法到深刻的观点表达，这些学术论文形式共同呈现出科学界的多样性和丰富性。无论是为了向同行传递最新的研究成果，还是为了引领读者对科学问题的深刻思考，这些不同类型的论文共同搭建了学术交流的桥梁，促进了学科的进步和发展。

1.3　写作的基本规则

1.3.1　行文规范

在学术写作中，确保文稿的格式、语法、拼写等方面符合学术标准是至关重要的。这不仅反映了作者的严谨态度和专业水平，而且直接影响读者对论文的理解和评价[6]。通常情况下，所要投稿的期刊都会有特定的格式要求，作者可以在期刊主页的"作者指南"（For Authors/ Information for Authors/ Guide for Authors）部分找到相应的要求和写作模板。

1.3.1.1　格式

在学术写作中，格式规范包括但不限于页面布局、字体选择、间距设定、标题和小标题的使用、页码设置等。以下是一些较为通用的格式要求，仅供参考，具体格式要求请参照投稿期刊"作者指南"要求。

（1）页面布局。一般要求使用标准的A4纸大小，边距通常设为1英寸（约2.54 cm）。文档的对齐方式通常是两端对齐，这使得文本在左右两侧均匀分布，视觉效果更佳。

（2）字体和字号。推荐使用易于阅读的标准字体，如Times New Roman、Arial或Calibri，其中，Times New Roman是最常用和最推荐的字体。字号通常为12号，但某些部分，如脚注或图表中的文本，可能会使用较小的字号。

（3）间距。文本的行间距通常设为双倍行距，以提高可读性。段落之间不需要额外的间距。

（4）标题和小标题。使用不同层级的标题和小标题可以帮助组织论文结构。这些标题应有清晰的等级关系，并通过字号、加粗或斜体等方式加以区分。

（5）页码。页码通常位于页面底部的中央或右侧，但具体要求可能因格式而异。

1.3.1.2　语法和拼写

语法和拼写的准确性对于保持学术写作的专业性至关重要。以下是一些较易出现语法和拼写错误的地方。

（1）主谓一致。确保句子的主语和谓语在数和人称上保持一致。例如，单数主语应使用单数谓语。

（2）时态的使用。保持时态的一致性。例如，在讨论以前的研究时，通常使用过去时。

（3）被动语态和主动语态。在学术写作中，适当使用被动语态可以使文本更加客观，但过多的被动语态会使文章显得笨拙和难以理解。写作时应根据需要合理使用被动语态和主动语态。

（4）拼写错误。在完成初稿后，应仔细校对以避免拼写错误，也可以适当使用拼写检查工具。但拼写检查工具并不是万能的，可能无法识别出上下文中的错误，因此，人工校对是不可或缺的，不可过度依赖拼写检测工具。

（5）标点符号的使用。适当使用标点符号，如逗号、分号、句号等，可以帮助清晰地表达思想。

（6）冗长和复杂的句子。尽量避免过分冗长和复杂的句子结构，尽量使句子简洁明了、易于理解。

1.3.2　引用

引用是学术写作中的核心元素之一，在确保学术诚信、提升论文质量以及避免抄袭等方面起着至关重要的作用。

1.3.2.1　引用的目的

（1）确保学术诚信。引用是作者承认和尊重他人的原创成果和贡献的表现形式，这是学术道德的基本要求。

（2）避免抄袭。正确的引用可以帮助避免抄袭，这不仅包括直接引用他人的文字，还包括对他人观点、理论或研究成果的借鉴。

（3）增强论点的可信度。通过引用权威的文献，可以为研究增添权威性，使论点更加令人信服。

（4）为读者提供资源。良好的引用习惯可以帮助读者追溯和查阅研究基础，促进学术交流。

1.3.2.2　引用风格

不同的学术领域可能倾向使用不同的引用风格，不同的学术期刊也会有不同的格式要求，详情请参考投稿期刊的"作者指南"。如果"作者指南"没有明确引用风格，请参考投稿期刊已发表论文的引用风格。以下仅列举一些引用范例。

（1）*Nature Communications*期刊引用风格。

示例：Efremova, M., Vento-Tormo, M., Teichmann, S. A. & Vento-Tormo, R. Cell Phone DB: inferring cell-cell communication from combined expression of multi-subunit ligand-receptor complexes. Nat. Protoc. 15, 1484-1506 (2020).

（2）*Science*期刊引用风格。

示例：J. T. Reeder, Z. Xie, Q. Yang, M.H. Seo, Y. Yan, Y. Deng, K. R. Jinkins, S. R. Krishnan, C. Liu, S. Mckay, E. Patnaude, A. Johnson, Z. Zhao, M. J. Kim, Y. Xu, I. Huang, R. Avila, C. Felicelli, E. Ray, X. Guo, W. Z. Ray, Y. Huang, M. R. MacEwan, J. A. Rogers, Soft, bioresorbable coolers for reversible conduction block of peripheral nerves. Science 377, 109-115 (2022).

（3）*Advanced Materials*期刊引用风格。

示例：S. G. Varadarajan, J. L. Hunyara, N. R. Hamilton, A. L. Kolodkin, A. D.Huberman, Cell 2022, 185, 77.

在选择适用的引用风格时，重要的是遵循出版机构和投稿期刊的指导原则。此外，使用专门的引用管理软件，如EndNote、Zotero或Mendeley，可以帮助作者更有效地管理和格式化引用[7-8]。这里需要强调一下，不要完全信任软件，软件导出来的参考文献格式很有可能会有错误，需要论文作者细致检查和修改之后才可以进一步插入到论文中。

1.3.3 其他写作规则

1.3.3.1 清晰度、连贯性和逻辑性

清晰度、连贯性和逻辑性是学术写作中至关重要的三个方面。文章的结构需要清晰，以便读者能够轻松跟随作者的思路[9]。为实现这一点，以下几个策略可供参考。

（1）逻辑框架。在写作之前，制定一个结构清晰的大纲。这个大纲应该包括引言、主体（包含几个主要论点）和结论。每一部分都应该支持中心论点，并以符合逻辑的方式排列。

（2）段落结构。每个段落应该有一个清晰的中心思想。使用主题句开头，然后提供支持细节，最后以小结或过渡句结束。

（3）过渡和连接词。段与段之间一定要注意逻辑的连贯性，过渡性的连接词、承上启下的句子都可以起到很好的过渡和承接作用。使用过渡词和短语（例如，此外、相反、因此等）来引导读者，能很好地显示思想之间的逻辑联系。

（4）重复与强调。合理地重复主要论点和关键词可以加强文章的连贯性。

1.3.3.2 避免使用不确切语言

在学术写作中，必须使用准确和清晰的语言。不确切的语言会导致歧义和模糊性，影响读者对论文内容的理解。以下是几个避免使用不确切语言的策略。

（1）具体化。尽量使用具体的语言，避免抽象和笼统表达。同时，研究性论文还要学会用"数据"说话。

（2）准确的术语。在表达专业概念时，使用准确的学术术语，避免日常用语或模糊的表达方式。

（3）简洁表达。避免冗长和复杂的句子结构。简洁的句子更易于理解，能减小误解的可能性。

（4）避免歧义。仔细选择词汇和短语，确保它们在上下文中的意义明确无误。

1.3.3.3　审查和修订

审查和修订是提高学术文章质量的关键步骤。初稿完成后，应该进行多轮的审查和修改，以确保文章的质量。以下是几个有效的审查和修订策略。

（1）内容审核。检查文章是否覆盖了所有相关的主题和论点，确保每个部分都有充分的证据支持。

（2）结构审核。审查文章的结构，确保逻辑清晰，各部分紧密联系。

（3）语言审核。检查语法、拼写和标点错误，确保使用了准确的学术语言。

（4）反馈和修改。向导师、同行或写作中心寻求帮助，根据收到的修改建议修改论文，抑或是和同组的同学相互修改论文，也是一种不错的方法。好论文一定是改出来的。

1.4　本章小结

学术写作是高等教育和科研工作的核心组成部分，承担着知识创造、传播和学术交流的重要任务。在当今的学术界中，它不仅是展示研究成果的主要方式，也是衡量个人学术成就的重要标准。学术论文的类型多样，每种类型都有其特定的目的和结构。研究论文侧重于介绍新的研究发现，综述论文则侧重总结和分析现有研究，这些不同类型的论文共同构成了学术界丰富多彩的知识体系。

撰写学术论文时，遵循一系列基本规则是非常重要的。首先，确保论文的结构清晰是至关重要的。常见的结构包括引言、方法、结果与讨论、结论等部分，每一部分都承担着特定的任务，共同构成了完整的论文框架。其次，论证的严谨性也不可忽视。学术论文需要提供充分的证据和合理的分析来支持其观点，确保论文内容的科学性和可靠性。此外，维护学术诚信也是学术写作的一个重要方面。作者需要避免抄袭、剽窃和作假，确保所有使用的资料和数据都被适当引用和认证。最后，使用清晰、客观的语言和风格也是提高学术论文质量的关键。学术论文应避免使用主观或情感化的语言，以保持其客观性和中立性[5]。

除了基本规则外，对于学术写作的掌握还涉及对研究主题的深入理解、对相关文献的全面审视以及对研究方法的恰当选择。这些元素共同作用，确保研究不仅是技术上的展示，而且是对特定领域知识的真正贡献。学术写作不仅是知识传播的工具，也是学者交流思想、挑战现有理论和促进学术界前进的平台。

综上所述，学术写作是一个复杂而多层次的过程，涉及从研究设计到论文撰写的各个方面。它要求作者具备扎实的专业知识、严谨的思维方式和清晰的表达能力。通过遵循学术写作的基本规则和最佳实践，作者可以有效地传达他们的研究成果，促进学术知识的增长和学术界的健康发展。总的来说，学术写作不仅是展示研究成果的手段，更是学术交流和知识发展的重要桥梁。

参考文献

[1] OSHIMA A, HOGUE A. Introduction to academic writing [M]. London: PEARSON/Longman, 2007.

[2] LOWE C, ZEMLIANSKY P. Writing spaces: readings on writing [M]. [S. l.]: Parlor Press, 2010.

[3] BAILEY S. Academic writing: a practical guide for students [M]. Hove: Psychology Press, 2003.

[4] STREET B V. Academic writing: theory and practice [J]. Journal of educational issues, 2015, 1(2): 110-116.

[5] HYLAND K. Genre and academic writing in the disciplines [J]. Language teaching, 2008, 41(4): 543-562.

[6] 甘阳, 王晶. 研究生学术写作与规范课程教学改革创新与实践[J]. 高教学刊, 2023, 9(19): 35-39.

[7] 任明满. 通过写作学习:学术写作的价值、路径及展望[J]. 语文建设, 2020, 11: 14-18.

［8］RAVELLI L, ELLIS R A. Analysing academic writing: contextualized frame-works［M］. Edinburgh: A&C Black, 2005.

［9］DAY T. Success in academic writing［M］. London: Bloomsbury Publishing, 2023.

第2章 题目、作者与单位

2.1 论文题目

2.1.1 题目的定义

论文题目也称论文标题，是作者对所研究的课题进行探讨的标题。题目是以最恰当、最简明的词语反映报告、论文中最重要的特定内容的逻辑组合[1]。论文题目是文章内容的概括，通常以名词性词组表示，有时也采用句子形式，有时还会有副标题（小标题）作为对主文的补充和解释说明。论文题目是论文的关键组成部分之一，是论文互相区别的主要标示，也是文章内容的直接体现。

2.1.2 题目的重要性

当我们在网络期刊查找文献时，最先映入眼帘的是论文的题目。读者在阅读文献前需要进行检索，通常论文题目包含论文的主要内容，准确的题目有助于检索成功，吸引读者，提高论文的阅读量和关注度。论文题目的正确选取也有助于选定文章的关键词，基于准确的关键词读者能够较快搜索到相应的论文。好的论文题目能够吸引读者和审稿人的眼球，起到画龙点睛的作用。通常人们会根据论文题目来决定是否继续深入阅读这篇文章来了解文章的研究内容，若是题目选取不当将错失被阅读的机会。总之，好的论文题目能够对整篇文章的总体内容进行总结，概括主要思想并揭示文章主题。因此，选取恰当的论文题目具有重要的意义[2]。

2.1.3　题目命名原则

一篇文章的题目应当是基于精练的词汇对论文的内容进行高度的概括和总结，需要包含整篇文章最吸引人的信息，且有新意和创新性。论文题目应具有创新性、简洁性、内容性。

（1）创新性。

论文题目应当具有创新性，以此来吸引读者和审稿人，激发他们对论文的阅读和研究[3]。因此，在命题时需要避免使用一些千篇一律且不恰当的词汇，以保持题目的创新性和吸引力。为了确保题目的创新性，作者可以尝试以下几个方面的策略。首先，可以从研究对象、方法或者观点上寻找独特的切入点，以使题目与众不同。其次，可以使用具有强烈表现力和吸引力的词汇，以突出论文的重要性和独特性。此外，可以选择与当前热点话题相关的词汇，以便吸引读者、编辑和审稿人的关注。虽然创新性的题目很重要，但也要确保题目与论文内容相符。题目应准确地反映论文的核心内容和研究目的，避免使用与论文内容不相关的词汇，以免造成误导和困惑。

（2）简洁性。

在撰写论文时，论文题目的简洁与完整非常重要[4]。简洁的标题能够概括文章的主要内容，使读者一目了然，并且能够清晰地传达论文的主旨。因此，在选择论文题目时，应该注意把握核心要点，不要冗余，避免让读者产生困惑。同时，为了更好地传达文章的内容，有时候也可以考虑使用副标题进行补充。副标题可以提供更多的信息，帮助读者更好地理解论文的背景、目的和研究方法。这样的设计可以在保持主标题简洁的同时，提供更多的细节和信息，从而能够帮助读者更好地理解论文的内容和目的，提高论文的可读性和有效性。需要说明的是，副标题在学术论文里是一种较为少见的形式，除非必要，否则不建议采用副标题形式。

（3）内容性。

题目是对文章整体内容的一个概括总结，文献综述类文章和研究型论文对题目有着不同的要求。文献综述是对现已发表的资料进行汇总分析和评价，具有一定的指导性。其题目概括的内容应当较为广泛，而不需要提到具体相关内容，当然也需要避免题目涵盖范围过大而导致名不副实。而研究型论文是针对某一个（些）问题、现象进行深入分析、讨论并得到有意义结论的文章。其题目需要提到研究对象以及具体的机理，应当具有特征性强和信息量充足的特点[5]。

论文的题目除了要具备上述三个条件，还应当具备逻辑准确性和语句通顺性。逻辑感强且通顺的论文题目能够清晰地表达论文的核心思想，使读者对论文的内容和结构有清晰的认识[2]。为了确保题目具有逻辑性和通顺性，可以采用以下策略。首先，将论文的主题和目的进行归纳和总结，确保题目能够准确概括论文的核心内容。其次，使用简洁明了的语言，避免使用复杂和冗长的句子结构，以保持题目的流畅性。此外，可以借助同义词、连接词和标点符号来加强逻辑关联和语句的连贯性。

接下来，我们列举一些论文题目，如"Self-Healing Hydrogels""Recent Progress on Hydrogel Actuators""Progress in Hydrogels for Skin Wound Repair""纳米光热材料在抗菌领域的研究进展"等文章题目，题目中使用的词汇数量较少，简洁地概括了文章涉及的内容，主题限定较少且描述的范围很大，这类题目常见于综述文章。如"The Dynamic Interface of Genetics and Immunity: Toward Future Horizons in Health & Disease""All-Soft Skin-Like Structures for Robotic Locomotion and Transportation""Catechol-Functionalized Hydrogels: Biomimetic Design, Adhesion Mechanism, and Biomedical Applications""一种快速检测甲型/乙型流感病毒抗原方法的建立"等文章题目，标题语句精练地阐述文章的主题即文章的研究内容，并且限制文章的研究范围，是一般科技类文章常用的标题类型。

而题目，如"Exploring the Impact of Randomized Factors on Environmental Sustainability Measures"没有中心思想，其中"Randomized Factors"的表达过于笼统，无法从中读取有效信息。还有"An In-depth Analysis of the Multifaceted Factors Influencing the Complex Interplay between Social, Economic, and Environmental Variables in the Pursuit of Sustainable Development Goals in the Contemporary Global Context"，这种冗长的论文题目让人很难明白作者所想表达的意思。在拟定论文题目时应当避免这些错误，以保证论文题目的创新性、简洁性和内容性。

2.1.4　题目的结构

（1）题目的字数。

一般来说，大多数期刊对论文题目的字数没有具体的规定，而是更注重题目的准确性、简洁性和清晰性。大多数 SCI 期刊文章的题目通常为 10 至 15 个实词。题目应该能够准确地概括研究内容，并吸引读者的兴趣。因此，题目应该简洁明了，能够简要传达研究的主要内容，同时具备吸引读者的特点。如果题目过长，可能会让读者感到困惑，也可能会影响期刊的排版和美观。因此，撰写论文题目时，应该尽可能地精简语言，突出论文的核心内容，以便读者能够快速地理解论文的主题。

（2）题目的格式。

论文题目的格式需要正确无误。首先，论文题目一般有陈述和疑问两种类型。而一般论文作者会选择陈述型题目，认为陈述语气能够更加准确地表达论文要研究的议题或方法。也有极少数作者会使用疑问句作为题目[6]。需要注意的是，当使用疑问句作为题目时用词需要严谨准确，并且所提出的科学问题在文章中必须进行解答。其次，题名应该避免使用不常见的缩略词、首字母缩写字、字符、代号和公式等[1]。此外，当论文题目添加副标题作为补充时，注意不可使用抽象、主观色彩、生僻的词汇，应当简洁、恰当地表达出文章内容的实用性信息。英文题目还需满足第一个单词首字母大写，而冠词、介词和连词等虚词首字母小写的要求[7]。

（3）英文题目语法结构。

①当使用"and"连接两个并列的部分时，需要保持语法的一致性，以确保句子的语法正确。

②在独立分句之后，使用冒号来引导一系列具体的事物、同位语、进一步阐述的词语或说明性的引语，以帮助读者更好地理解句子的意思。

③破折号用于表示突然的停顿或中断，强调某个特定的信息或情感。

④代词的使用需要得当，确保代词的格正确，避免引起歧义或混淆。

⑤位于句首的分词短语必须与句子的主语相关，以确保句子的逻辑性和连贯性。

下面列举一些较为规范的文章题目：

①标题"Functional Hydrogels as Wound Dressing to Enhance Wound Healing"符合语法结构，直接而清晰地说明了研究的重点，遵循了简洁性和准确性的原则，直接指向了文章的主要研究内容和应用领域。

②标题"Current Hydrogel Advances in Physicochemical and Biological Response-Driven Biomedical Application Diversity"也符合语法结构，并且遵循了学术论文标题的标准。这个标题详细地描述了论文的主题，即目前在物理化学和生物反应驱动的生物医学应用多样性方面的水凝胶进展。它准确地使用了专业术语来指明研究的具体领域，同时保持了标题的清晰性和精确性。

③标题"The Role of Artificial Intelligence in Achieving the Sustainable Development Goals"同样符合语法结构，并且遵循了学术论文标题的一般规范。这个标题清晰地表达了研究的核心内容，即探讨人工智能在实现可持续发展目标中的作用，且简洁并具有指导性，易于理解。

下面列举一些存在语法问题的英文题目：

①"The Diverse Implications of Climate Change and its Affects on the Environment and Society"这个题目的问题在于"its Affects"的使用。在这个语境中，"its"是所有格代词，直接跟在"Climate Change"后面，表示"Climate Change 的种种影响"，这里用动词"Affects"显然是错误的。正确的表述应该是"The Diverse Implications of Climate Change and its Effects on the Environment and Society"。

②"A Comparative Study on the Various Strategies Employed by Companies in Order to Enhance Sales and Increasing Profitability"这个题目的问题在于"Enhance Sales and Increasing Profitability"的位置，"and"连接的两部分需要保持语法的一致性，所以正确的表述应该是"A Comparative Study on the Various Strategies Employed by Companies in Order to Enhance Sales and Increase Profitability"。

2.2　作者与单位

2.2.1　署名的意义

文章署名者应参与整体实验工作和文章的撰写，或部分参与了实验工作和文章的撰写，且同意论文的发表。署名者的文章的著作权受国家法律保护，因此，当文章内容存在真实性、科学性、合法性问题时，也应当为产生的不利影响承担相应责任。署名者需要提供自己的联系方式，以便读者有问题或质疑时提供咨询服务[8]。通常情况下，这种联系方式为电子邮件形式，其中，以通信作者的电子邮件最为重要，是联系、沟通和咨询的主要媒介。

2.2.2　第一作者、共同作者和通信作者

第一作者是指参与全部或者绝大部分工作，对论文贡献最大且对文章全面负责的人。共同作者是指在文章发表过程中，除了第一作者之外，对文章有贡献的其他人。他们与第一作者一起完成文章的撰写、实验、数据分析等方面的工作，并且对文章的贡献与第一作者相当或仅次于第一作者。共同作者通常被认为是文章的合著者。他们的贡献对文章的发表和学术价值的提升同样重要。在论文中，共同作者的排名顺序一般由他们对文章的贡献程度决定。而通信作者一般指整个课题的负责人，承担课题的设计、论文的撰写、课题经费的供应，以及对课题进行全面的指导，对于他们的身份应当以特殊符号"*"来标明。通信作者也是文章和研究材料的联系人，还担负着文章可靠性的责任[8]。

此外，还有共同第一作者和共同通信作者。共同第一作者是指对整个论文贡献最大且对文章全面负责的几位作者共同担任文章的第一作者。通常共同第一作者应该以特殊符号"#"或者其他由投稿期刊规定的符号进行标示，并且默认排在第一位的共同第一作者更为重要一些。对于共同通信作者，通常对课

题的设计、论文的撰写、课题经费的供应，以及对课题进行全面指导的几位作者共同担任通信作者，对于他们的身份应当分别以特殊符号"*"来标明，通常以最后一个通信作者为主要。一般共同通信作者或共同第一作者不宜过多（不超过三位为宜，具体情况应由通信作者视情况而定）。

2.2.3　作者署名格式

作者署名通常依据作者在全部或者部分研究工作和文章撰写中的贡献大小依次排序。英译作者姓名时应按照拼音格式拼写，名在姓前，名连成一词，且不加连字符，不缩写[1]。文章中通常将作者署名放置在题目下方，有多个作者时用逗号隔开，最后两个姓名用"and"连接，且每个作者姓名右上角应当标符号或者数字，以便后续标明作者联系方式与地址，以及作者是否是通信作者、共同通信作者或共同第一作者等[9]。

2.2.4　单位地址

在标注作者的单位地址时，首先，需提供作者所在单位，如所属学院，并在其后加上学校名称，一般按照从小到大的顺序书写。其次，应提供所在省份或自治区、城市名称以及邮政编码，并在最后标明国籍。对于省会城市，所在省份名称可以省略[10]。以上所有信息依次排列并使用逗号隔开。不同工作单位的作者，应在姓名右上角加注不同的符号，并在其工作单位名称之前加与作者姓名右上角相同的符号，各工作单位之间应按照姓名右上角标记符号顺序并列排列。大多情况下会出现多个作者单位，也有同一个作者隶属不同单位的情况，一般按照实际进行数字或者字母标记区分。如图2-1所示（摘自"Skin-Inspired Ultra-Tough Supramolecular Multifunctional Hydrogel Electronic Skin for Human-Machine Interaction"），第一作者的姓名位居前列，随后是其他有贡献的作者。而通信作者位于最后，通过独特的信封样式角标在右上角标明其身份。由于所有作者都属于同一单位，每位作者的姓名右上角都标记了相同的符号"1"，以显示单位地址。通信作者同时隶属于两个单位，因此，另一个单位的地址使用角标"2"进行标注。另外，由于作者的单位地址都位于辽宁省省会沈阳，因此可以直接标注所在城市和邮编，最后注明其中国公民的身份。

Nano-Micro Letters

ARTICLE

e-ISSN 2150-5551
CN 31-2103/TB

https://doi.org/10.1007/s40820-023-01084-8

Cite as
Nano-Micro Lett.
(2023) 15:102

Received: 25 January 2023
Accepted: 20 March 2023
Published online: 13 April 2023
© The Author(s) 2023

Skin-Inspired Ultra-Tough Supramolecular Multifunctional Hydrogel Electronic Skin for Human–Machine Interaction

Kun Chen[1], Kewei Liang[1], He Liu[1], Ruonan Liu[1], Yiying Liu[1], Sijia Zeng[1], Ye Tian[1,2] ✉

✉ Ye Tian, tianye@bmie.neu.edu.cn
1 College of Medicine and Biological Information Engineering, Northeastern University, Shenyang 110169, People's Republic of China
2 Foshan Graduate School of Innovation, Northeastern University, Foshan 528300, People's Republic of China

图2-1 标明作者单位地址

2.3 本章小结

本章概述了学术论文标题的定义、重要性、命名原则和结构，以及作者及单位信息的安排。论文题目（或标题）被定义为反映报告或论文核心内容的简明词语组合，题目的选取对于文献检索和吸引读者至关重要。一个好的题目既概括了主要思想，又揭示了文章主题。命名原则强调创新性、简洁性和内容性，确保标题既吸引人又具有信息量。结构上，标题应控制字数，注意格式和语法结构。作者部分涉及署名意义、第一作者和通信作者的角色，以及作者署名格式。单位信息包括地址和工作单位的正确标注。这些方面共同构成了论文撰写中的一个重要组成部分，影响着论文的整体质量和被接受度。

参考文献

［1］全国信息与文献标准化技术委员会.学术论文编写规则：GB/T 7713.2—2022[S].北京：中国标准出版社,2023.

［2］温冠男.论文题目的撰写[J].黑龙江省社会主义学院学报,2012(4)：55-57.

［3］张永祥,朱丹宸,赵磊.研究生毕业论文选题与开题的思考[J].科教导刊(下旬),2018(33):29-30.

［4］石萍.如何选择论文主题[J].江苏教育研究,2022(26):30-33.

［5］解景田,谢来华.SCI攻略:生物医药科技论文的撰写与发表[M].2版.北京:科学出版社,2015.

［6］张俊东,杨亲正,国防.SCI论文写作和发表:You Can Do It[M].2版.北京:化学工业出版社,2016.

［7］冯超,王丰年.学术论文英文题目的问题和改进对策[J].科技与出版,2009(6):42-44.

［8］山东第一医科大学编辑部.关于论文写作中的作者署名与志谢[J].山东第一医科大学(山东省医学科学院)学报,2023,44(10):756.

［9］金坤林.如何撰写和发表SCI期刊论文[M].北京:科学出版社,2008.

［10］中国肿瘤临床与康复编辑部.关于论文写作中的作者署名和工作单位[J].中国肿瘤临床与康复,2014,21(9):1077.

第3章 摘要

3.1 摘要的介绍

摘要作为一篇文章的门户，可以让读者快速地了解文章的主要内容。摘要是用最简练的文字对文章进行总结，指出研究目的、方法、结果和意义。它是全文的缩影，也是文章的灵魂与精华。在阅读过程中，读者往往首先浏览摘要，快速获取文章信息，然后判断是否需要深入阅读文章，因此，撰写一个好的摘要非常有必要。

3.1.1 摘要的定义

摘要又称概要，英文是"abstract"。在科技论文中，摘要之所以重要，是因为它是对文章内容的提炼概括。"abstract"一词在一些英国期刊中也被称为"summary"。

摘要是一段独立的短文，可以被参考并推广。论文里的摘要是一段精练的文本，旨在提供对整篇论文内容的概括。摘要一般只包括全文的核心要点，不必面面俱到。摘要是一篇学术论文的简要概述，对研究问题、方法、结果及结论进行扼要的介绍。摘要对文章的内容没有任何的注解和评论，它需要阐述研究工作的目的、方法和最后的结论等，其中的重点是结论部分。

学术论文的摘要是全文的浓缩，用简明易懂的语言，合理、真实地反映一篇文章的主要内容和结论，对内容进行直观的表述，不掺杂任何的主观色彩，也不增加注解和评价。摘要应该将文章的概况完整且清晰地展现出来，并且遵循简练性、客观性和规范性的标准。

3.1.2　摘要类别

摘要按照不同的分类方式可以分为不同的类别。按其性质和包含的内容可以分为报道性摘要、描述性摘要和评论性摘要。此外，摘要还可以依照形式来分类，分为结构式摘要和非结构式摘要。与非结构式摘要相比，结构式摘要利用提示词分为若干段落，例如"目的""方法""结果""结论"等。

报道性摘要一般是全文的综合概括，对目的、方法、结果及结论等部分用简短的句子进行陈述，它在心理学、基础科学等学科中经常用到。长度一般情况下是 250 个字左右，研究背景以及目的相对简短，概括地说明主题和研究价值。实验过程的说明写在方法部分，介绍参与实验的对象或所使用的材料。在最后的结果部分对主要结论进行说明及概述，并展示部分数据。通常情况下，描述性摘要非常简短，篇幅是报道性摘要的一半左右，在哲学和社会学等领域比较适用。它包含背景、目的、研究要点和主要内容概述。评论性摘要相对于其他种类的摘要来说不太常见，其中有一部分是针对作者文章的整体性、合理性和可读性进行讨论，作者需要将文中的工作与同领域其他成果相比较[1]。不过，这两种类型的摘要常见于人文社科类论文中，因此本书不作重点讨论。

在理学、工学和医学等领域常见的摘要分类方法是按照格式，分为结构式摘要和非结构式摘要。目前大多数计算机、医学等领域的论文会采用结构式摘要，它要求作者按照一定的结构模式去撰写，不能随心所欲。这类摘要所含的信息很多，它的内容主要是研究背景、方法、结果及结论。在结构上需要有副标题，分别是背景、研究设计或方法、结果及结论，而有的期刊要求将摘要分为六部分，即背景、目的、方法、结果、局限及结论。无论期刊的要求如何变化，摘要的总体架构并未发生变化，作者在写作时应该围绕副标题来撰写各部分的内容，思路明确，以便于读者阅读时把握要点。此外，这类摘要层次清晰、内容完备，而且一目了然，重点内容突出且齐全。

而绝大多数理工类论文会采用非结构式摘要形式。非结构式摘要不需要分段写作，称为一段式摘要。一般没有副标题，用一个完整的段落来总结概括文章的主体内容，这样的结构条理清晰、逻辑合理、连贯性强。非结构式摘要虽然没有严格的结构和格式的要求，但是也要遵循一定的规律。非结构式摘要通常包含四部分内容：第一部分用一两句话简单概括文章的研究背景，切记背景介绍不要过多；第二部分提出文章需要解决的问题或者研究的挑战所在；第三部分是这种摘要最主要的部分，重点介绍文章的研究内容和主要结果；第四部分则用一两句话来说明研究的意义、重要性，升华主题。也有研究者省略第一部分和第二部分，直接书写文章的研究内容和主要结果，但是这种写法属于非常规写法，建议不要轻易尝试。

3.1.3 摘要的作用

一篇英文科技论文，尤其是SCI论文，它的摘要质量直接关系到能否获得编辑和审稿人的认可。实际上，摘要因其特殊的功能与作用，通常被认为是论文最重要的部分之一。

摘要具有以下三个基本作用：

（1）提纲挈领，便于查阅。摘要是文章中很重要的一部分，需要进行没有注释和评论的阐述，相对于全文来看，摘要是总结要点的关键部分。摘要本质上就是将文章的内容压缩为一段简明且具有概括性的文本，通常被看作文章的简缩版，总结了文章的主要内容，包括背景、问题、结论及意义等。一个好的摘要可以使文章在检索文献时成为"宠儿"，反之会对文章的搜索产生误导。由此可见，摘要必须有效地传达论文的全部信息，反映论文主要内容，进而吸引读者进一步阅读。

（2）吸引审稿，争取录用。英文科技论文，尤其是SCI论文，其摘要也影响学术期刊对文章整体的接受程度。对于大多数文章来说，摘要是论文中被阅读最多的部分，在审稿的过程中，期刊编辑会将待审稿件的题目和摘要发给审稿人，审稿人以此判断是否值得花时间审阅此稿，编辑或审稿人单独阅读摘要后，便能大致对提交的文章作出初步的判断。在一些国际会议上，很多学术会议的组织者都是先审查摘要再决定是否录用，而并不一定浏览全文。对于某些高水平的国际会议来说，提交摘要是必不可少的一个环节，如果没有达到标准，就会直接影响稿件的递交和作者出席会议的资格。同时，摘要亦可作为参会人员出席各种主题学术会议的指南。一个好的摘要可以吸引更多感兴趣的学者参与分专题会议，从而利于学者对相关领域进行深入探讨。

（3）独立成文，易于传播。摘要一般在文章的开头单独出现。随着论文电子存储技术的不断发展，摘要给信息检索带来了极大的便利，能够利用多种类型的摘要完成查询。在一些系统里面，摘要是逐词进行分类的，按照摘要的门类可以对其进行检索，例如，医学类、计算机类、材料类、生物类摘要等。一篇摘要的阅读量会远远超过整篇文章，其传播程度甚至超过了文章本身，因此其学术影响力也更为深远。大部分人都有先读标题、再看摘要的习惯，如果没有在摘要里看到自己感兴趣的内容，就不太可能再去看全文，这样既节约了时间，又可以提高科研的效率。

由上述三点可见，摘要是所谓"微论文"，因此，开展相关研究的读者可以利用摘要从大量的论文中选择目标论文。首先，它帮助读者对不感兴趣的文章进行筛选和剔除，从而提高了英文科技论文的信息检索效率；其次，它还帮助感兴趣的读者（在阅读之前），将文章的内容架构建立起来。因此，学术论文的摘要应尽可能把文中的研究重点包括进去。

另外，摘要一般在主体部分接近完成时进行撰写；也可先写摘要，文章写完后先理一理文章思路，再依据文章的内容进行相应的调整和适度的修改，保证摘要与正文的一致性。

3.2　摘要的撰写

摘要是论文的重要组成部分，必须简明扼要地总结文章的主要内容。在写作过程中，作者应该注意突出全文的重点、保持客观理性，并且遵循学术规范。高质量的摘要能够使读者快速理解文章的核心内容，增强论文的传播效果和影响力。

3.2.1 摘要的内容和要求

摘要的主要内容通常包括四大部分，即目的、方法、结果及结论。目前大部分期刊在投稿规范中都要求依照这四部分来写作。不管是结构式摘要还是非结构式摘要，其内容基本上都涵盖了上述四个方面。

在结构式摘要中，这四个部分的主要框架是：

（1）目的。该部分在摘要的开头，写明背景信息和目前存在的问题，从而引出课题的意义和研究目标，这有助于读者了解研究动机。

（2）方法。顾名思义，该部分需要概述项目的总体方案，例如说明所使用的材料、数据库或算法、数据获取方法、实验对照或检测方法，以及应用的统计学方法等。

（3）结果。该部分可以对研究的重要成果、创新性数据，以及由方法部分的实验得出的结果进行总结和说明等。

（4）结论。该部分在最后总结本课题发现的理论，或者说明提出的创新方法的价值与局限性、是否值得推广或需要更深入的研究等。

在非结构式的摘要中，主要用以下思路来进行写作：

开始时，先引入研究的背景，利用一到两句话简单地概述目前的研究背景，然后用一到两句话指出研究存在的问题或者研究所面临的挑战，也可以针对提出的问题来说明此次研究的目的。之后简要介绍文中采用了何种创新的方法、进行了怎样的研究，并阐明最重要的结果部分，这部分要写明文中最精彩的数据，突出显眼的成果。最后利用一到两句话总结并升华内容，指出该研究可以为哪些领域提供帮助。

下面是两个摘要的例子，分别是结构式摘要和非结构式摘要。

例3-1 结构式摘要（摘自"RIT1 Regulates Mitosis and Promotes Proliferation by Interacting with SMC3 and PDS5 in Hepatocellular Carcinoma"[2]）。

Abstract:

Background: As a small G protein of Ras family, Ras-like-without-CAAX-1 (RIT1) plays a critical role in various tumors. Our previous study has demonstrated the involvement of RIT1 in promoting malignant progression of hepatocellular carcinoma (HCC). However, its underlying mechanism remains unclear.

Methods: Gene set enrichment analysis (GSEA) was conducted in the TCGA LIHC cohort to investigate the underlying biological mechanism of RIT1. Live cell imaging, immunofluorescence (IF) and flow cytometry assays were used to verify biological function of RIT1 in HCC mitosis. Subcutaneous xenografting of human HCC cells in BALB/c nude mice was utilized to assess tumor proliferation in vivo. RNA-seq, co-immunoprecipitation (Co-IP), mass spectrometry analyses, western blot and IF assays were employed to elucidate the mechanisms by which RIT1 regulates mitosis and promotes proliferation in HCC.

Results: Our findings demonstrate that RIT1 plays a crucial role in regulating mitosis in HCC. Knockdown of RIT1 disrupts cell division, leading to G2/M phase arrest, mitotic catastrophe, and apoptosis in HCC cells. SMC3 is found to interact with RIT1 and knockdown of SMC3 attenuates the proliferative effects mediated by RIT1 both in vitro and in vivo. Mechanistically, RIT1 protects and maintains SMC3 acetylation by binding to SMC3 and PDS5 during mitosis, thereby promoting rapid cell division and proliferation in HCC. Notably, we have observed an upregulation of SMC3 expression in HCC tissues, which is associated with poor patient survival and promotion of HCC cell proliferation. Furthermore, there is a significant positive correlation between the expression levels of RIT1, SMC3, and PDS5. Importantly, HCC patients with high expression of both RIT1 and SMC3 exhibit worse prognosis compared to those with high RIT1 but low SMC3 expression.

Conclusions: Our findings underscore the crucial role of RIT1 in regulating mitosis in HCC and further demonstrate its potential as a promising therapeutic target for HCC treatment.

例 3-2　非结构式摘要（摘自 "Aloe Inspired Special Structure Hydrogel Pressure Sensor for Real-Time Human-Computer Interaction and Muscle Rehabilitation System" [3] ）。

Abstract:

In recent years, significant progress has been made in the research and development of conventional hydrogel sensors. However, the development of hydrogels with special structures, achieved through specific designs or fabrication strategies, remains relatively scarce. Inspired by aloe, a specially structured hydrogel (named Skin-Polyvinyl alcohol-Polyaniline-AgNWs, S-PPA) is successfully prepared with skin. Innovatively utilizing the hydrogen bonding interaction between ions and water molecules, the surface of the hydrogel is treated to create a protective skin. The S-PPA hydrogel with a protective skin demonstrates strong resistance to damage (with a tensile strength of 5 MPa, >11 times higher compared to hydrogel without skin) and exhibits dual conductivity ($0.8 \ S \cdot m^{-1}$ for the inner skin and $0.33 \ S \cdot m^{-1}$ for the outer skin). In addition, the S-PPA hydrogel also possesses water retention capabilities, antibacterial properties [89.4% inhibition rate against Staphylococcus aureus (S. aureus)] , and minimal corrosion to metal electrodes. Based on the S-PPA hydrogel and combined with wireless Bluetooth technology and Python programming, intelligent applications are developed such as multi-gradient intelligent control and finger muscle condition evaluation, achieving real-time human-computer interaction (HCI). The intelligent pressure-sensitive hydrogel proposed by this study shows great potential in the fields of medical rehabilitation, artificial intelligence, and the Internet of Things.

从以上两个例子可以看出，不论是结构式摘要，还是一段式的非结构式摘要，它们的内容都包括必要的背景、文章主要内容和结论等部分。

3.2.2　摘要的写作规则与技巧

作者在撰写摘要时，要注意承上启下，使其具备严谨的逻辑性和前后的连贯性。由于摘要是针对全文的概括，因此要对主要内容进行提炼，使读者更容易理解。

在撰写摘要前，作者必须明确自己的研究目的与结论，并建立一个整体的框架。摘要应当做到语言简洁、文字精简干练、内容全面，必须真实客观地反映论文的内容，不得添加作者的主观解释、看法和评论。另外，摘要应该表述精练、语义准确且结构严谨。摘要写作时，先后顺序要有一定的逻辑关系。语句应该前后衔接、上下呼应，尽量使用简洁的短句，谨慎使用冗长的从句。每句话要表达的意思都应该清晰，不能含糊、笼统，要避免歧义。最后，摘要需要把重点放在文章的创新点上面。

摘要的基本写作规范[4]：

（1）撰写时尽量使用第三人称来客观、中立地描述研究内容、方法和结果。摘要是一篇独立完整的短文，读者就算没有浏览全文，也可以依靠摘要去了解文章的内核、研究的创新性、想要达到的目的、采用的方法及最终的结论。

（2）逻辑要鲜明，论述应该全面，行文结构合理。

（3）语言简洁，采用直述的方式，避免多余的辞藻，以最少的文字表达最多的信息。

在进行摘要写作时，作者应该提取文章中关键的词汇和语句，提炼关键的数据结果，对提炼的部分进行汇总并简洁阐述，按照前面讲述的规则将找出的关键点排成一段。摘要中不应该包括无定义的缩写、未被提到的信息、对以往论文的引用或讨论，以及方法里面非必要的详细描述，应省略对研究背景、文献资料及实验方法的具体说明，去除冗余的单词和短语等，只需保留和传达必不可少的内容。在剔除上述内容后，作者还需对其余的语句进行修改和调整，保证语意流畅。

通常情况下，作者利用一句或两句话介绍清楚研究背景，并引出研究的问题即可。接下来，对文章中的主要结果进行概述，重点突出研究中的显眼数据，并概括总结文章的主要内容。最后用一到两句话对内容进行总结并升华，说明本项研究的意义、应用前景和展望等。在此基础上，还需要确认摘要与全文内容的一致性。

在完成摘要撰写之后，作者应该根据目标期刊投稿一栏里的作者指南部分来核对检查。因为很多期刊都有自己的格式规定和对摘要的要求，所以作者一定要严格遵守作者指南中的具体要求，不然可能有被拒稿的风险。所以，在确定了即将投稿的期刊后，作者需要根据规定认真修改，确保自己写出的摘要符合各项要求。

另外，针对SCI、EI等收录的期刊，在摘要写作的过程中要特别注意英文的时态和语态。摘要中常见的时态主要是一般现在时态和一般过去时态。时态问题一直是写作过程中比较棘手的问题，有时人们由于不知道应该用什么时态，在一段摘要中经常会出现多种时态混淆的情况。通过对多篇高质量论文的研读和总结可以看出，在撰写时应尽可能地使用一般现在时和一般过去时，尽量少用或不用过去完成时和现在完成时。在开头通常用一般现在时来引入背景介绍，用于描述不受时间影响的普遍情况。实验的过程和方法部分要用一般现在时或一般过去时，并且常用一般过去时来阐述数据和结果，当描述经典原理或事实时，可以使用一般现在时。在摘要的结尾通常用一般现在时，并利用推测或情态动词对结论进行说明。不同的期刊对时态的运用有不同的规定，写作时要视具体情况而定，例如 *Cell* 期刊规定摘要必须使用一般现在时态。另外，摘要中的语态和文章正文中的语态规则相同。被动语态可以省去施动者，避开"we"的使用，而且还能使需要强调的事物充当主语从而凸显地位，更利于事实的说明，使行文具有客观性。同时，被动语态的句子有较大的结构调节空间，对于运用适当的修辞手法、拓展名词词组、扩大句内信息具有重要意义。但是有时采用主动语态比被动语态在结构上更简单。

下面针对几段具体的例子来进行摘要的撰写分析。

例3-3 （摘自"Macroporous Hydrogel for High-Performance Atmospheric Water Harvesting"[5]）

Abstract:

Simple, low-cost, and high-performance atmospheric water harvesting (AWH) still remains challenging in the context of global water shortage. Here, we present a simple and low-cost macroporous hydrogel for high-performance AWH to address this challenge. We employed an innovative strategy of pore foaming and vacuum drying to rationally fabricate a macroporous hydrogel. The hydrogel is endowed with a macroporous structure and a high specific surface area, enabling sufficient contact of the inner sorbent with outside air and high-performance AWH. The experiments demonstrate that macroporous hydrogels can achieve high-performance AWH with a broad range of sorption humidity [relative humidity (RH) from 100% to even lower than 20%], high water sorption capacity (highest 433.72% of hydrogel's own weight at ~98% RH, 25 °C within 60 h), rapid vapor capturing (the sorption efficiency is as high as $0.32 \ g \cdot g^{-1} \cdot h^{-1}$ in the first 3 h at 90% RH, 25 °C), unique durability, low desorption temperature (~50 °C, lowest), and high water-releasing rate (release 99.38% of the sorbed water under $500 \ W \cdot m^{-2}$ light for 6 h). The results show that this macroporous hydrogel can sorb water more than 193.46% of its own weight overnight (13 h) at a RH of ~90%, 25 °C and release as high as 99.38% of the sorbed water via the photothermal effect. It is estimated that the daily water yield can reach up to approximately $2.56 \ kg \cdot kg^{-1} \cdot d^{-1}$ in real outdoor conditions, enabling daily minimum water consumption of an adult. Our simple, affordable, and easy-to-scale-up macroporous hydrogel can not only unleash the unlimited possibilities for large-scale and high-performance AWH but also offer promising opportunities for functional materials, soft matter, flexible electronics, tissue engineering, and biomedical applications.

译文：

在全球水资源短缺的背景下，简单、低成本、高性能的大气水收集

（AWH）仍然具有挑战性。在这里，我们提出了一种简单且低成本的大孔水凝胶，用于高性能AWH来应对这一挑战。我们采用孔隙发泡和真空干燥的创新策略来合理制造大孔水凝胶。该水凝胶具有大孔结构和高比表面积，使得内部吸附剂与外部空气充分接触，并具有高性能的AWH。实验结果表明，大孔水凝胶可以实现高性能的AWH，具有较宽的吸附湿度范围［相对湿度（RH）从100%到20%以下］、高吸水能力（最高为水凝胶自重的433.72%，约98% RH，25 ℃ 60 h内），快速湿气捕集（90% RH，25 ℃下前3 h吸附效率高达0.32 g·g^{-1}·h^{-1}）、独特的耐久性、低解吸温度（约50 ℃，最低）和高放水率（在500 W·m^{-2}光下6 h释放99.38%的吸附水）。结果表明，这种大孔水凝胶在相对湿度约90%、25 ℃下过夜（13 h）可以吸收超过自身重量193.46%的水，并通过光热效应释放高达99.38%的吸附水。据估算，在真实户外条件下，日产水量可达约2.56 kg·kg^{-1}·d^{-1}，可实现成人每日最低用水量。我们简单、经济且易于放大的大孔水凝胶不仅可以为大规模和高性能AWH释放无限的可能性，而且还为功能材料、软物质、柔性电子、组织工程和生物医学所应用。

这篇摘要一共八个句子。第一句话同时指出了研究背景和问题，简单明了，即现在水资源缺乏，需要寻找简单高效的大气集水技术。第二句到第七句是摘要的中心部分，作者先用三句话来描述他们在研究中使用的方法。所描述的方法与第一句话中所需处理的问题相呼应，作者总结了研究中的实验设计方法以及采用的创新策略——设计大孔水凝胶，读者能够在读完这部分之后，对实验的开展过程有大概的了解。第五句到第七句是摘要的结果部分，即研究的新发现，是摘要的核心，也是文章中最应该展现的内容，因此作者重点描述了本研究的主要结果和创新性发现。作者有选择、有条理地用了较多的短句逐条阐述了实验得到的重要数据，包括吸水率、解吸温度、水收集率和日产水量等，这些亮眼的数据可以直接体现出研究的创新性和独到之处。最后一句话十分精练地阐述了实验结果中得出的创造性结论以及可能的应用价值和领域，结论部分和开头的待解决问题首尾呼应。

例3-4 （摘自 "Identification and Analysis of Cancer Diagnosis Using Probabilistic Classification Vector Machines with Feature Selection" [6]）

Abstract:

Background: The accurate classification of tumors types is mainly important for the treatment of cancer. With the progress of the microarray expression profile, many methods are proposed to deal with these data. However, because of the feature dimension of tumor gene expression profile is very high, many machine learning algorithms are failure.

Objective & Methods: In this paper, a novel method named probabilistic classification vector machines (PCVM) with feature selection is proposed for tumor types detection using gene expression data, PCVM adopt a signed and truncated Gaussian prior to solve the problem of unstable solutions caused, and the complexity of the model can be controlled by the truncated Gaussian prior. The performance of PCVM is evaluated on two datasets by using four metrics.

Results: This method achieves 84.21% accuracy and 95.24% accuracy in the leukemia and prostrate dataset respectively. As compared to other methods, PCVM obtain much higher performance than Support Vector Machines (SVM), Naive Bayes (NB), RBF Neural Networks (RBF), K-nearest Neighbor (KNN), and Random Forest (RF) except SVM on prostate dataset. In order to reduce computational time, we adopt a feature selection method (DX) to rank the features and search the optimal feature combination based on PCVM, PCVM with DX method (PCVM-DX) achieves 94.74% accuracy, 100% sensitivity, 85.71% specificity and 92.31% precision on the leukemia dataset. PCVM-DX method obtained the same result as PCVM on the prostate dataset. We also compare DX with other feature selection method, the result reveals that the PCVM-DX is efficient for tumor classification in terms of performance.

Conclusion: PCVM-DX is observed to be better than the other methods in two data sets. The novelty of this approach lies in applying PCVM to tackle the same prior for different classes may lead to unstable solutions by RVMs and also exploring the important feature subset in the microarray expression profile with feature selection.

译文：

背景：肿瘤类型的准确分类对癌症的治疗非常重要。随着微阵列表达谱的发展，许多方法被提出用来处理这些数据。然而，由于肿瘤基因表达谱的特征维度非常高，许多机器学习算法都失败了。

目的与方法：本文提出了一种利用基因表达数据进行肿瘤类型检测的特征选择概率分类向量机（PCVM）方法，PCVM采用带符号截断的高斯先验来解决解不稳定的问题，截断的高斯先验可以控制模型的复杂度。使用四个指标在两个数据集上可以评估PCVM的性能。

结果：该方法在白血病和前列腺数据集中分别达到84.21%和95.24%的准确率。与其他方法相比，除前列腺上的SVM外，PCVM比支持向量机（SVM）、朴素贝叶斯（NB）、RBF神经网络（RBF）、K最近邻（KNN）和随机森林（RF）获得更高的数据集性能。为了减少计算时间，我们采用特征选择方法（DX）对特征进行排序并基于PCVM搜索最佳特征组合，带有DX方法的PCVM（PCVM-DX）在白血病数据集上实现了94.74%的准确率、100%的灵敏度、85.71%的特异性和92.31%的精确度。PCVM-DX方法在前列腺数据集上获得了与PCVM相同的结果。我们还将DX与其他特征选择方法进行了比较，结果表明，PCVM-DX在性能方面对肿瘤分类是有效的。

结论：在两个数据集中观察到PCVM-DX优于其他方法。这种方法的新颖之处在于，应用PCVM来处理不同类别的相同先验可能会导致RVM的解决方案不稳定，并且通过特征选择探索了微阵列表达谱中的重要特征子集。

这个摘要就是典型的结构式摘要。第一段是背景介绍，表明目前常用的机器学习算法在肿瘤类型的准确分类上尚存在一些问题。第二段是目的与方法部分，包括用什么方法、什么设计来达到本研究的目的，提出了PCVM这种新的算法，并使用了四个指标，利用两个数据集进行验证。第三段是摘要的重点，介绍了研究的结果，在白血病和前列腺数据集中分别达到84.21%和95.24%的准确率，并且和其他方法进行了比较，证实其对肿瘤分类是有效的。最后一段是结论部分，是从第三段的结果中得出的主要结论，并且提出了后续的研究方向。

从这些例子中可以得到一些启发，摘要的根基是创新性的研究结果，因此应该把重心放在结果的叙述上。只有在结果部分下足功夫，才能用有限的词句清晰地表达结果，把亮眼的数据展示在摘要部分，让读者有一种充实感，这样的文章结论才能让人信服。

3.2.3　摘要写作的注意事项

摘要是论文很重要的一部分。在写作过程中，很容易出现一些问题，比如信息冗余，而关键内容不充分甚至缺失，主次颠倒，具体表现为背景重复叙述和细节说明冗杂等。因此，为了写出高质量的摘要，有一些事项需要格外注意。

（1）在相关课题研究领域中已经被大众熟知的知识应该排除在外；正文中的内容，需要避免自我评价或解释。

（2）摘要整体需要有一定的逻辑性。语句前后应该相互呼应。使用简短易懂的句子增强可读性，每句话都避免歧义，不要有笼统、模糊的词句[7]。同时，摘要应是完整的小短文，不宜采用电报式的写法。

（3）用规范的词汇，避免出现不经常使用的术语或符号。同时避免直接使用缩略词，如需使用，需在首次出现缩略词时给出全称，如FHS（flexible hydrogel sensors）。

（4）摘要的表现形式仅限于文字描述，不需要任何其他形式的注释和说明，比如图表、参考文献、数学公式、化学结构式、上下角标等。

（5）正文写作过程中需要注意的事项，在摘要部分也应注意。例如，规范运用法定计量单位、标准的语言形式和标点符号等。

（6）避免在摘要中使用带有主观感情色彩或极端性的单词（例如optimistic, admiring, excellent），不能包括任何主观理解或评价，一定要保证结果的准确性，避免过度解读[8]。

3.2.4 摘要的常用词句（部分举例，仅供参考）

（1）研究背景和现状。

XX has/have been investigated for YY to do ZZ.

Currently, XX is/are the promising route to YY.

XX has/have been intensively studied for their role in YY.

XX show/shows strong potential for YY.

XX is/are the globally significant challenge that...

XX offer/offers an appealing way to do YY.

XX has/have emerged as a promising alternative solution to YY.

The issue of XX in YY has garnered significant attention, given its pivotal role in ZZ.

（2）引出研究对象。

XX is a highly attractive candidate for developing YY.

To close the large gap between XX and YY, ZZ has been developed to/for...

XX is/are regarded as YY owing to ZZ.

Given the rapid advancements in technology, this emphasis will be on studying/offering XX.

（3）研究目的或者研究待解决问题。

Thus/Therefore, a clearer understanding of the developing trends/optimization strategies of XX can be extremely helpful.

Better understanding the mechanisms for XX will benefit YY.

Although significant efforts have been dedicated mediated by XX, it remains a challenge for YY.

（4）研究方法和结果。

常用连词：first/firstly, in addition/additionally, furthermore, moreover, and then, meanwhile, finally, on the one hand, on the other hand

XX found/demonstrated/observed that...

Therefore, this study used XX to do YY.

XX was used to identify/detect YY.

An optimization model suggests/demonstrates that...

（5）研究结论。

In a word, the results of this research/these data demonstrate/mean/denote /represent/imply/suggest/indicate that...

XX may yield therapeutic benefits in the treatment of YY.

XX has/have potential as a target for/ providing new insight in developing YY.

This development of XX paves the way for YY.

Such results harbor the potential for XX that can be used in YY.

3.3 本章小结

本章从基本概念及写作规则等方面详细介绍了摘要部分的学术写作要求，摘要的质量和吸引力对于吸引读者、传达研究的重要性和有效推广研究成果至关重要。因此，撰写一个精彩的学术摘要对学术论文写作至关重要。

参考文献

[1] 张俊东,杨亲正,国防. SCI 论文写作和发表:You Can Do It[M]. 2版. 北京:化学工业出版社,2016.

[2] SU Y, LIN H C, YU J M. RIT1 regulates mitosis and promotes proliferation by interacting with SMC3 and PDS5 in hepatocellular carcinoma [J]. Journal of experimental & clinical cancer research, 2023,42(1):326.

[3] LIU R N, LIU Y Y, CHENG Y G, et al. Aloe inspired special structure hydrogel pressure sensor for real-time human-computer interaction and mus-

cle rehabilitation system[J]. Advanced functional materials, 2023, 23(50): 2308175.

[4] 李达,李玉成,李春艳. SCI论文写作解析:EndNote/RefViz/SPSS/Origin/Il-lustrator综合教程[M].北京:清华大学出版社,2012.

[5] LYU T, WANG Z, YAN Y, et al. Macroporous hydrogel for high-performance atmospheric water harvesting[J]. ACS applied materials & interfaces, 2022,14(28):32433-32443.

[6] DU X, LI X, YAN Y, et al. Identification and analysis of cancer diagnosis using probabilistic classification vector machines with feature selection [J]. Current bioinformatics, 2018,13(6):625-632.

[7] 金坤林.如何撰写和发表SCI期刊论文[M].北京:科学出版社,2008.

[8] 解景田,谢来华. SCI攻略:生物医药科技论文的撰写与发表[M].2版.北京:科学出版社,2015.

第4章 引言

4.1 引言的概念及基本要求

4.1.1 什么是引言

引言(introduction)又叫前言、绪论等，是一篇论文正文的开场白或开篇部分，它写在论文正文的第一部分。其主要作用是向读者揭示当前研究领域的研究现状、存在问题、本研究的意义和效果等，以便读者快速了解研究内容的重要性。根据国家标准 GB 7713.2—2022 的规定，引言（或绪论）应简要说明研究工作的目的、范围，回顾相关领域的前人工作和知识空白，介绍理论基础和分析方法，阐明研究设想、研究方法和实验设计，并概述预期结果和研究的意义[1]。

引言的初步介绍可以帮助读者更好地理解论文的意义和所采用的实验方法等，更便于读者阅读论文，更好地领会这项科学成果的意义、重要性和未来的发展方向等。引言是连接读者基础知识和文章内容的桥梁，作为正文的开头，引导读者进入论文正文，帮助读者理解论文内容，激发读者的阅读兴趣。同时，引言还提供了平稳的过渡，使读者能够顺利跟进后续内容的阐述。一篇好的引言要尽量做到每一句话都是必不可少的，没有一句与中心无关的话。

4.1.2　为什么要撰写引言

在科技论文中，撰写引言的目的是让作者对本项研究工作的背景材料、研究的动机和原因、试图达到的目的等作出必要说明，以便读者足够了解和认识该项研究。威斯康星大学 Kliewer 教授在论著 *Writing It up: A Step-by-Step Guide to Publication for Beginning Investigators* 中重点强调了引言的作用："引言的目的是要提供本研究的基础背景材料、研究的动机及与现行研究的全面关系"[2]。引言应当言简意赅、简明扼要、准确无误，不可与摘要雷同，更不可成为摘要的注释。可以说，一篇优秀的引言是论文成功的一半，因此，作者应该花费更多精力琢磨引言的撰写，要特别注意引言的第一句话，它是文章的切入点，决定着读者对文章的第一印象。

4.1.3　引言与摘要的区别

引言和摘要在科技论文中具有不同的功能和作用。摘要的主要目的是对整篇论文进行概括和总结，以便读者能够快速了解论文的核心要点。相比之下，引言则提供了研究的背景、研究问题和研究现状等，引导读者进入论文的正文部分，并为后续内容的理解提供必要的前导信息。因此，引言和摘要之间存在以下关键区别：

（1）引言。

主要功能：提供研究的背景、动机、目的和意义，介绍研究领域的现状、前人工作和现存问题，为读者提供一个全面的概述，引导读者进入论文正文部分。

篇幅与内容：引言通常比摘要长，为后续内容提供全面的背景和上下文资料。它主要介绍研究动机、研究现状和研究问题等，而研究结果则可以简要提及。

（2）摘要。

主要功能：概括和总结论文的主要内容，包括研究目的、方法、结果和结论等，让读者能够快速了解研究的主题、方法和结果。

篇幅与内容：摘要通常比引言更为简洁，并且在篇幅上有所限制。它在较短的篇幅内提供了对整篇论文的概览。摘要中的目的、方法、结果和结论四部分篇幅相近，而在引言中，关于研究背景的综述会占大部分篇幅，而关于整篇论文的概览则通常出现在引言的最后一部分，通常比摘要更加详尽。

4.1.4　引言的组成部分

（1）研究领域背景、意义和发展概况。介绍研究领域的背景信息，解释该领域的重要性和发展趋势，说明本研究在该领域中的位置和意义。

（2）对该领域的研究进行简短的综述性回顾。简短综述前人在该领域的重要研究进展，包括比较、评价和概括。引用相关文献并提出问题，阐明这些问题的重要性。

（3）指出前人研究的不足或空白之处。指出前人研究尚存在的不足或者空白之处，揭示前人研究的问题和局限性应尽量客观，不可有意无意地贬低前人的工作，更不可断章取义，曲解前人的研究。

（4）引出自己的研究课题的目的。这部分内容主要针对上述空白或不足之处而言，此部分为引言的高潮，在揭示和分析过去的研究中所存在的问题和局限性后，需要及时回到本研究的创新点上。通过这部分内容的叙述，一般可取得如下效果：①问题的提出是有根据的；②解决问题的设想和方案是有道理的（特别强调其独特性和优越性）；③整个引言的思路是顺理成章的。

（5）概述论文的主要研究内容。这部分内容需要对全文的主要内容进行概括，其应该比摘要更加详尽。

4.1.5　引证的概念和要求

引证（citation）是在科技论文中引用前人的观点、方法、结果和结论，并注明出处的行为。在科技论文中，引证是必要的，它是在他人工作的基础上进行研究，并展示自己的研究在已有知识体系中的位置和贡献。

根据国际医学杂志编辑委员会的统一要求，科技论文中引用文献是不可或缺的。引言部分应按照特定的格式引用文献，并在参考文献列表中清楚地标明来源，以准确说明特定观点、方法或结论的来源，而不是自己的原创。

科技论文与人文科学文章有所不同。人文科学文章要求引用名人或权威人士的言论或著作时，完全准确无误，并使用引号。相比之下，科技论文更注重引用观点、方法或结论，不需要将整句的、整段的文字一字不差地加以引用，因此很少使用引号。但这并不意味着科技论文不需要或不能使用引号，当需要完整引用其他论文的文字表述时，不论是英文、中文还是其他文字，都应使用引号，并在参考文献中明确列出来源。这不仅是对原作者的尊重，也充分说明了引用者在科学上的伦理道德。忽视正确的引文规范可能导致严重后果，包括抄袭或剽窃。因此，在科技论文中，确保准确引用前人的观点、方法、结果和结论，并注明出处，是非常重要的。这是展示研究基础和贡献的重要方式，也是遵守学术道德规范的要求。

总而言之，在科技论文中，引证是指引用前人的观点、方法、结果和结论，并注明出处。这是展示研究基础和研究贡献的重要方式，需要遵循学术道德规范，避免抄袭和剽窃行为的发生。正确使用引号并记录引用来源，既遵守了学术规范，又维护了学术诚信和知识产权的权益。

4.1.6　引证与抄袭

引证和抄袭本来是两个毫不相干的概念，但由于近年来国内外科技界的现状及某些情况的发生，不得不把它们放在一起进行某些方面的讨论。据报道，目前在世界范围内，违反科学道德的不良行为已经渗透到各国的名牌高等学府和国家级的研究机构中。当然，在论文、综述、书籍或其他科技文章中抄袭、造假、剽窃等不良行为完全属于科学界的伦理道德和职业道德问题。毫无疑问，这些行为是科学界的耻辱，玷污了科学界的声誉，必须予以坚决反对和杜绝。

抄袭是指将别人的作品或语句抄袭并冒充为自己的作品的行为，涉及文字和内容两个方面。根据某些查重系统的规定，如果连续7个单词与其他论文段落完全相同，就被认定为抄袭。然而，如果在参考文献中明确了引述的来源，那么这就被认为是引用。目前尚不确定这些定义是否被国际学术界所认可。

国际电气和电子工程师协会（IEEE）的文件对论文抄袭进行了详细的分类，将其分为5个层次，并根据抄袭行为的情节轻重给予相应的惩罚。这一分类可以在IEEE的《剽窃的层次》中找到，其中详细说明了有关抄袭行为的惩罚措施。

（1）未注明出处地全文复制一篇论文，将导致在该文章记录中注明违规，并吊销违规者在IEEE刊物上的发表权利达5年。

（2）未注明出处地大量复制（达一半的篇幅）一篇论文，处罚同上。

（3）未注明出处地照搬句子、段落或插图，可能导致在该文章记录中注明违规，并且必须提交向原始作者的书面道歉，否则将会被吊销发表权利3年。

（4）未注明出处地不恰当地复述整页或整段内容(通过改变个别单词、词组或重排句子顺序)。要求作出书面道歉，以避免被吊销发表权利和可能在该文章记录中注明违规。

（5）注明出处地复制一篇论文的很大一部分，而没有清楚地表明谁做了或谁写了什么，要求书面道歉，并且必须修改论文以避免被吊销发表权利[3]。

从上述IEEE的规定可以看出，国际上对科学界剽窃和抄袭行为处理的严厉性。科学界对剽窃和抄袭行为是"零容忍"态度，严格执行惩罚措施，这对净化科学界的"空气"，清除科技论文中的"雾霾"起到积极作用。因此，科研人员应该遵守引证的规范，坚决抵制抄袭行为，以维护科学研究的伦理道德和专业操守。

4.1.7　引言写作的基本要求

（1）言简意赅、引人入胜。以最精练的语言表述研究课题的来龙去脉及研究结果。一般SCI论文的引言需要3~4个自然段。

（2）引用准确、概括全面。指出所探讨问题的本质和范围，对研究背景的阐述做到繁简适度。把该领域中的过去和现在的基本状况概括而简明地总结出来，并且特别注意最新进展，以及经典和权威文献的引用。文献引用和数据提供一定要准确，切记避免片面摘录部分结果而忽略文献的总体结果。

（3）突出重点、内容精辟。把该领域内过去和现在的状况突出重点地概括总结出来，特别是最新进展的引用。在背景介绍和问题的提出部分，应引用"最相关"的文献以指引读者。优先选择引用的文献要包括相关研究中的原始、重要和最具说服力的文献，力戒不恰当地大量"自引"。引用文献时不要原文抄录，要用自己的话进行总结描述。在撰写研究的背景知识、回顾历史问题时，有时会出现背景介绍不详、交代含糊或背景铺垫太远、抓不到重点的现象。因此在写作时要注意选取与本研究最相关的背景知识。这就要求不能把引言写成历史进展，更不能写成小综述，而应字字点题，切中目的，几句话概括出重点。

4.2　引言的写作模块及注意事项

4.2.1　写作模块

引言部分在论文中具有重要的作用，许多学者采用三段式的结构体系，内容长度通常在3~5段之间浮动。这并不矛盾，因为其他独立段落也是由三段式中的某一部分分离出来的。引言部分可以完全按照三段式体系来介绍，下面将以三段式体系为例进行详细讲解。引言的结构可以参考表4-1。

（1）引言第一部分怎么写？

论文引言的作用是开宗明义，提出本文要解决的问题。引言应开门见山、简明扼要。总结相关背景研究、关键关系和概念，使读者能理解作者的研究。引言的第一句最难写，因为它决定了整个引言的走向。可以把第一句和文章的标题联系起来。在第一段以最基本和常见的术语来定义标题里的一些术语，从这个术语引入研究的领域并展示它的重要性。也可以结合当下，以与文章研究相关的热点话题作为切入点，这样写出来的引言一般会比较吸引读者的阅读兴趣。

而引言的第一段应该基于大量的已知事实，引出从事本研究的意义。具体来说，第一段需要用几句话将读者引入与本研究课题相关的主题背景中。背景介绍需要比综述性文章更简练一些，篇幅更少一些，更倾向于本研究方向。通过对研究课题的描述，突出本研究的重要性（注意是本研究方向的重要性，而非自己所做工作的重要性），尽可能以此吸引读者的阅读兴趣。

（2）引言第二部分怎么写？

引言的第二部分是对文献的批判性总结，这需要查阅大量的文献资料。这一段需要总结前人在本方向所做的研究，形成一条完整的线索，并详细介绍这个主题所有的研究内容，为本研究的机理和内容提供强有力的理论支持。这包括前人研究所采用的研究手段、这些手段的优缺点（针对自己的文章创新点而言），以及总结这些研究成果的异同点。这一段回答了关于这个主题"已经知道了什么""还不知道什么"。引言的第二部分可以通过简要叙述前人在这方面所做过的工作，重点强调目前存在的问题或未解答的问题，描述解决这个问题的难度或挑战。在分析过去研究的局限性和阐明自己研究的创新点时要慎重，一定要遵循实事求是的原则，客观公正地评价前人的工作，不要把抬高自己研究的价值建立在贬低前人的工作之上。也不要通过对前人工作的断章取义和蓄意歪曲来突出自己方法的优点。叙述前人工作的欠缺以强调自己研究的创新时，应慎重且严谨。在一篇论文中，对前人工作的概括应尽可能放在引言中，在正文中，如非十分必要，就不要再强调了。

（3）引言第三部分怎么写？

引言的最后一部分应该在上一部分描述的基础上，针对目前研究的痛点和弊端，提出新的研究目标和解决方案，并且表明自己的实验方案可以解决这些问题。接下来是对自己研究方案的一般性陈述，这需要联系到文章的摘要和结论部分，但是这三部分不应完全相同，而是略有不同。在介绍自己的成果时，一定要注意突出重点，措辞简练。最后，在结尾处再次强调本项研究所带来的价值，让读者感受到这项研究的重要意义。因此，这一段回答的主要问题是"如何解决上述问题以及本项研究的意义"。

表 4-1 "引言"撰写指南

Questions	How to address them
What is the problem?	Describe the problem investigated. Summarize relevant research to provide context, key terms, and concepts so your reader can understand the experiment.

表4-1（续）

Questions	How to address them
Why is it important?	Review relevant research to provide rationale. (What conflict or unanswered question, untested population, untried method in existing research does your experiment address? What findings of others are you challenging or extending?)
What solution (or step toward a solution) do you propose?	Briefly describe your experiment: Hypothesis(es), research question(s); general experimental design or method; justification of method if alternatives exist.

资料来源：*Writing Center Writer's Handbook*，威斯康星大学麦迪逊分校，http://www-math.sci-ense.unitn.it/LRM3D2/report.html。

下面以一篇论文（引自2022年*Nature*上的一篇交叉学科文章）的引言为例（摘自"A Tissue-Like Neurotransmitter Sensor for the Brain and Gut"[4]），具体分析引言的具体写法以及注意事项。

①Soft tissues and organs in the human body are highly active biochemical systems that include biomolecules, such as neurotransmitters and hormones, precisely controlling various biological processes. ②Monitoring the dynamics of neurotransmitters is essential to understanding the communication between neurons and their targets, and to develop therapeutic neuromodulatory strategies. ③In the central nervous system (CNS), monoamines, including dopamine (DA) and serotonin (5-HT), are involved in the regulation of cognitive processes such as emotion, arousal and memory. ④Dysregulated monoamine signaling is a common feature of many psychiatric and neurological disorders, including addiction, major depressive disorder and Parkinson disease. ⑤Outside the CNS, 5-HT in the gastrointestinal (GI) system accounts for 95% of the body's 5-HT and closely regulates gut function and microbiota, serving as an important component of the gut-brain communication system. ⑥Therefore, there is great interest in monitoring the dynamics of monoamines in both the CNS and the GI system.

这是引言的第一段，总共分为六句话，前三句话由热门大领域与主题有关的背景过渡到"监测神经递质"上来，紧接着第四句解释目前单胺类物质的临床意义，最后两句进一步强调这类研究的意义。

①Nevertheless, the tools for studying biochemical signaling in vivo remain limited. ②The recent development of genetically encoded fluorescence sensors offered many advantages in terms of sensitivity, selectivity and fast dynamics. ③Alternatively, the analytical voltammetry method offers great potential for clinical bioelectronics use, as it is universally applicable for wild-type animals without transgenic modification and has been adopted to study the monoamine dynamics in human participants. ④The recent advances of neural probes and bioelectronics have primarily focused on developing soft or miniaturized electrophysiological devices. ⑤However, current instruments for voltammetry neurotransmitter sensing mostly rely on silica-encapsulated carbon fibre electrodes, which are rigid and brittle, and have limited tunability of sensing functions. ⑥These rigid probes might lead to early device failure or severe inflammatory response, as the brain is undergoing constant motion and deformation owing to the cardiorespiratory cycles and body movements. ⑦Similarly, the GI tract is made of a series of soft, long and twisting organs with a variety of motility patterns (peristaltic or non-peristaltic) and abundant mechanoreceptors. ⑧Performing high-fidelity electrical or optical measurement of 5-HT dynamics in an actively moving GI tract has been a long-standing challenge.

引言的第二段共八句话，整个第二段也是比较典型的文献批判性回顾环节。第一句话的转折将我们带入目前所进行的研究体内生化信号上来。接着第二、三、四句话介绍前人在这一领域所做的工作、采用了哪些方法（基因编辑荧光传感器、分析伏安法、神经探针等）。后面几句是对这些研究所存在的问题的批判性分析，包括碳纤维电极质地脆又硬、生物相容性不好等。最后一句指出目前存在的挑战，起到承上启下的作用。

①Here we introduce a soft and stretchable graphene-based biosensing neural interface, termed "NeuroString", to seamlessly interface with CNS and GI tissue, and enable real-time simultaneous monitoring of monoamine dynamics in both tissues. ②Graphene was selected as the electrode material owing to its good biocompatibility, high super-capacitive response during fast-scan cyclic voltammetry (FSCV), known catalytic activity towards amine oxidation, as well as high mechanical compliance in bending, stretching and twisting resulting from its atomic-level thickness. ③ However, graphene monolayer cracks at less than 5% strain. ④We address this issue by embedding laser-induced graphene nanofibre networks, with transition metal nanoparticles decorated on the surface, into a polystyrene-block-poly (ethylene-ran-butylene)-block-polystyrene (SEBS) elastomer matrix to achieve high levels of softness and stretchability while preserving the unique electrochemical properties of the nanomaterials.

引言的第三段详细说明本研究所做的工作及达成的目标。开头第一句提出通过某种方法研制出一种"神经管柱"传感器，其可以实现同步监测单胺类物质。最后通过总结此类方法进一步拔高此类研究的意义。

4.2.2 引言写作注意事项

上述内容是对引言部分整个结构框架的理论描述。通过上文的理论性讲解及例子的分析，可以大致了解引言的主要内容和写作方法。然而，在实际的书写过程中会存在一系列问题。以下总结了有关引言书写的注意事项[5]：

（1）避免语句啰唆和重复。在具体内容方面，新手常常在背景引入上使用过多的叠加语句，导致啰唆。在文献综述环节，仅需列举研究结果而无须加入自己的分析。在引言的结尾部分，需要对自己目前的研究成果进行系统总结，但新手常常会大量重复摘要和结论部分的内容，而忽略了多样性的描述。

（2）相关背景研究交代要清楚明白，不宜模糊。描述该研究的重要性时，需要交代相关的类似研究，避免含糊不清。

（3）不要过于自吹自擂。避免使用过于夸张的词语，如"首次""价值极高""填补空白"等。虽然这些词语常用于反映研究论文的创新性，但使用过度可能会让读者和审稿专家认为总结不合适。因此，在描述研究意义时要科学适度地进行自我评价。

（4）铺垫不宜太远，不要绕了一个大圈子才进入主题。国内外一些刚刚涉足科技论文写作的年轻作者会犯一种错误，即他们把最重要的发现保留到论文的最后才表述出来。他们既不在摘要中提及，也不在引言中陈述他们的重要发现。他们希望使用"一鸣惊人"的悬念，制造出一个"出人意料"的结果。其实，读者阅读科技论文不同于阅读文学作品，这种故弄玄虚的论文写作方法只会让读者感到枯燥，因读不到作者设计的高潮之处而选择放弃。

（5）引入新概念和新术语前应进行介绍。大多数文章很难读，是因为很多新概念没有被介绍就开始使用。为了避免出现这种问题，不管什么时候，每次开始写新句时，作者都应该问问自己，这些词前面有没有提到过。没提过的新概念和新术语一定要提前介绍清楚。

（6）尽量避免出现参考文献的作者姓名。一般引言概括的内容比较精辟，只需引出别人的结论，直截了当地总结主题内容即可，不需要在引言中提到所引用参考文献的作者姓名，只需按照投稿学术期刊要求引用参考文献。当然，如果期刊要求引用参考文献的格式是直接在后面标出作者姓名和论文标题，那么要按照期刊要求进行引用。

（7）参考文献的引用要适当。由于引言中所写的研究背景和问题是站在前人研究的基础上，并且所做的研究是别人研究的继续或改进，因此一定要引用参考文献，使研究来源有理有据。标示出参考文献不仅有助于读者了解研究背景，而且表示对前人工作的肯定和尊敬。但要注意，在引用文献时，最好引用最新阅读的文献，但也不必过于苛求文献的新旧，如果有一篇经典的时间久远的参考文献对研究和论文有益，也可放心大胆地引用。至于引用文献的数目，与引言的内容多少有关，没有具体要求，引用参考文献标示的格式与期刊要求有关。

（8）引言的篇幅和字数。引言不能太长，应尽量简明扼要地介绍研究背景，并引出研究的重要性和创新点，避免冗长的描述和重复的内容，太长会使读者失去耐心，读得乏味，得不偿失，而太短可能会产生研究背景描述不清的问题。引言对字数同样没有特殊要求，只需在写作时注意讲出重点，交代清楚即可。因此，作者在撰写论文时，对引言的篇幅和字数要有一个度的把握。

（9）引言要紧扣主题。引言部分应该紧密围绕研究主题展开，不要涉及过多无关的背景信息。引言的目的是引导读者进入研究主题，并提出研究的动机和问题。因此，要确保引言内容的连贯性和一致性，避免偏离主题。

（10）引言要具备逻辑性和连贯性。引言部分应按照一定的逻辑顺序组织语言，使读者能够清晰地理解研究的背景和意义。例如采用时间顺序、问题逐步延伸或相关性逐渐增强等方式进行组织，确保引言的内容流畅衔接。

4.3　引言写作时态和语态的运用

4.3.1　引言写作时态

在英文学术写作中，引言的时态选择是非常重要的，因为它会影响作者对过去研究和现有知识的描述。下面是一些关于引言时态应注意的问题。

（1）叙述有关现象或普遍事实时，常用现在时。虽然引言通常会强调过去的研究，但在某些情况下也可以使用现在时态。可以使用现在时态来强调已有知识的普遍性或对现状的描述。

示例：

①Recent research suggests that...

②Fast, inexpensive, and multiplexed detection of pathogens is of great value to human health and global security.

（2）描述特定研究领域中最近的某种趋势，或者强调某些"最近"发生的事件对现在的影响时，常采用现在完成时。如果想强调过去研究对当前研究的影响或与当前研究的关联，可以使用现在完成时。这种时态表明一个动作或事件在过去发生，但与当前仍然有联系。

示例：

①Recently, CRISPR-based diagnostic (CRISPR-Dx) methods have been widely implemented for diagnosing infections due to their high specificity and sensitivity.

②Numerous studies have explored the effects of...

（3）在阐述作者本人的研究方法及结果时，多使用过去时。引言通常会回顾过去研究和现有知识。因此，使用过去时态是很常见的。可以使用过去时态来描述已经完成的研究、已经得出的结论和已经存在的观点。

示例：

①In this work, we developed a multiplexed stand-alone microfluidics platform that integrates a battery-powered heating membrane to control the temperature of RPA and CRISPR assays.

②We conducted a comprehensive review and concluded that...

（4）在阐述作者本人研究目的的句子中应有类似"In this study, ..." "The experiment reported here." 等词，以表示所涉及的内容是作者现在的工作，而不是其他学者或者作者过去的研究。

示例：

In this study, we investigated mechanisms of Hsp90 cytoprotection in tumors. We found that mitochondria of tumor cells, but not most normal tissues, organize a chaperone network comprising Hsp90, its related molecule, TRAP-1, and CypD, which an-tagonizes mitochondrial permeability transition.

需要注意的是，引言时态的选择应根据语境和具体情况决定。可以参考已发表的学术论文和相关文献，以了解所研究的领域的论文中常使用的时态。

4.3.2 引言写作语态

（1）语句的使用。现在很多期刊都提倡用主动句、简单句代替被动句、复杂句。就像"It can be seen that the cross-linked network formed by PVA improves the mechanical properties of the hydrogel"可以改成"The cross-linked network formed by PVA improves the mechanical properties of the hydrogel"。但是也不必完全规避某一语态，适当使用也是没问题的。如果涉及主从复合句等较长的句子，则应主动拆分为多个简单句。简单句简短直接、易懂，且不容易犯语法错误。

（2）连接词的选择。在英文学术写作中，使用适当的连接词可以帮助作者在引言部分表达思想的连贯性和逻辑性。引言部分涉及一个完整的逻辑体系，所以书写时需要大量的逻辑连接词。需注意，连接词的选择应根据具体写作目的和语境进行调整。此外，在整篇文章中使用一致的连接词和逻辑结构，以确保读者能够清楚地理解作者的论点和观点。

以下列举一些引言部分常用的句型：

①介绍文章主题。

This paper aims to...

The focus of this study is...

The present research investigates...

In recent years, there has been growing interest in...

②回顾研究现状。

Previous studies have shown that...

Several researchers have examined...

A substantial body of literature exists on...

Existing research suggests that...

③陈述现存问题。

However, there is a lack of research on...

Despite the extensive research in this area, little is known about...

To the best of our knowledge, no previous studies have investigated...

④表示研究目标。

The purpose of this study is to...

This research aims to address the following research questions...

The main objective of this paper is to...

⑤突出研究重要性。

This research is important because...

Understanding this phenomenon is crucial for...

This study contributes to the existing literature by...

⑥总结论文结构。

This paper is organized as follows...

The following sections will discuss...

First, we provide a brief overview of...

Subsequently, we present the methodology and results...

4.4　本章小结

　　总之，在引言写作前，作者一定要系统查阅文献，只有全面了解前人的研究成果后才能着手撰写，引言要层次清楚、内容全面，做到既简洁又包含重点。查阅文献时，可以把常见的英文词组记下来，这对之后论文的写作会有所帮助。写引言时，吸引读者、提供背景、突出问题、回顾文献、明确目的和方法、保持逻辑连贯、简明扼要、合理引用文献、注意语言表达、修订修改，便可写出引人入胜、清晰明了的引言。引言是论文中非常重要的一部分，写作时一定要重视。

参考文献

[1]谭丙煜.国家标准《GB 7713—87科学技术报告、学位论文和学术论文的编写格式》宣传贯彻手册[M].北京:中国标准出版社,1990.

［2］KLIEWER M A. Writing it up: a step-by-step guide to publication for beginning investigators［J］. American journal of roentgenology, 2008,38(3)：27-33.

［3］解景田.生物医学论文的撰写与发表：SCI 攻略［M］.北京：科学出版社，2010.

［4］LI J, LIU Y, YUAN L, et al. A tissue-like neurotransmitter sensor for the Brain and Gut［J］. Nature, 2022, 606(7912)：94-101.

［5］金坤林.如何撰写和发表SCI期刊论文［M］.北京：科学出版社,2008.

第5章　材料与方法

5.1　材料与方法的介绍

论文中的材料与方法部分也叫实验部分，是对研究所使用的材料、仪器设备、实验操作、实验方法和数据分析的详细阐述，向读者展示研究的整体框架和实施过程，为后续结果和讨论部分奠定基础。这一部分旨在向读者提供足够的信息，以便他们能够理解并复现研究过程。通常把这部分内容放在文章的第二部分或者第四部分，还有的放在补充材料中，在SCI论文中标题多写为Materials and Methods、Experimental Section或Methods等[1-4]。

5.1.1　材料与方法的内容

（1）研究中使用的所有材料。包括实验药品、耗材、设备、试剂等，每种药品后需标注型号、生产厂家、生产国家等信息。对于生物实验，需要详细描述实验动物或植物的种类、品系、生长条件等。

（2）实验操作（实验方法）的详细步骤。强调用什么东西怎么做实验，包括实验设计、采样方法、实验过程、数据收集方法等。需要详细介绍研究的设计，详细描述所使用的实验手段、技术和工具，说明数据的来源、类型和收集方式。

（3）数据分析的方法和工具，如统计软件、计算公式等。详细介绍数据分析过程，如数据清洗、统计检验、模型拟合等[2]。

（4）实验重复与验证。说明实验的重复次数以确保结果可靠，以及验证实验结果的方法。

（5）数据处理与展示。描述数据处理的方法，如数据转换、标准化等，以及图表制作方法。

（6）伦理审查。说明研究过程中遵循的伦理原则和法律法规。如果研究涉及人体、动物或敏感信息，必须详细说明研究得到了哪些伦理审查和许可，并且采取了什么措施，以确保研究的合法性和伦理性。

5.1.2　材料与方法的意义

材料与方法是科技论文中的关键部分，是使整个论文具有科学性、可信度和可重复性的依据。或许这部分内容不是文章中最重要的，但它是论文重要的组成部分[3]。结论部分说明了研究的结果，材料与方法部分则复原了整个研究的实验过程，它的重要性毋庸置疑，缺少这部分内容，科技论文就丢失了基础，研究结果也不会被人们所相信。

5.1.3　材料与方法的作用

这部分内容在论文中起着承上启下的作用，它一方面回答了实验怎样做的问题，另一方面它又是研究结论的物质基础。材料是指实验过程中所用到的物质或药品等，方法是完成整个实验所用到的手段。这部分内容对普通读者、其他研究者、审稿人来说具有不同的作用[4]。

对于普通读者：材料与方法部分提供了有关研究方法和实验设计的详细信息。这使得读者能够了解研究的可靠性和可重复性。通过阅读材料与方法部分，普通读者可以判断研究是否经过科学严谨的设计。

对于其他研究者：材料与方法部分是重要的参考资料。它提供了关于实验设计、数据采集和分析的细节，以及使用的工具、设备和技术，可以帮助他们复制、验证和扩展前人的研究成果。材料与方法部分还为其他研究者提供了启发，他们可以在自己的研究中借鉴和应用相似的方法。

对于审稿人：材料与方法部分是评估研究是否可靠和方法是否科学的关键依据。审稿人会仔细审查材料与方法的内容，确定研究是否具有科学合理性并且是否符合学术期刊的要求。材料与方法包含实验的设计理念和实验的整个过程，如果这部分内容存在不合理之处，那么实验结果的真实性会被怀疑，会导致论文不被接收。

5.2　材料与方法部分的写作方法

5.2.1　材料部分的撰写

在SCI论文中，描述实验材料是非常重要的任务，通常需要清晰且详细的语句，在描述实验材料时，确保提供足够的信息，以使读者理解实验的可重复性和结果的可靠性。包括材料的来源（型号、厂家、产地等）、纯度、处理方式等关键信息，以及选择该材料的原因。材料包含实验对象、实验药品和试剂、实验设备等[3-4]。

（1）实验对象。

实验对象主要包括人体、动物和细胞等。研究对象为人体时，需要写明人数、性别、年龄、健康状况、疾病状况等。并且应说明在研究过程中如何确保受试者的权益，以及获取知情同意的过程。研究对象为动物时，需要说明为何选择这种动物，以及其在研究中的代表性。此外，还要写明动物的性别、年龄、数量、体重、品种、健康状况等，并描述动物的来源、饲养环境、饲料和护理情况。说明研究是否经过伦理审批及遵循的伦理原则也是极其必要的。研究对象为细胞时，需要写明细胞的来源、类型、产地、厂家、培养条件等。此外，还需描述实验过程中所使用的细胞系、培养基、传代次数等信息。

例5-1　（摘自 "Shape-Adapted Self-Gelation Hydrogel Powder for High-Performance Hemostasis and Wound Healing"[5]）

Animals: SD rats (6~8 weeks, 180~200 g) were obtained from Huafukang Corporation in Beijing (China). Anesthetize experimental animals with 2% pentobarbital by intraperitoneal injection at a dose of 0.002 mL · mg^{-1} to reduce pain. All animal experiments complied with the *Guide for the Care and Use of Laboratory Animals*(8th edition) (National Institutes of Health,

Nat. Acad. Press, 2011) and were approved by the Committee of Welfare Ethics Committee of China Medical University (approval numbers: CMUXN2022013). The $P_{10}P_8TY_{0.1}$ hydrogel powder used in animal experiments was sterilized by ultraviolet light irradiation.

译文：

动物：SD大鼠（6~8周，180~200 g）购自北京（中国）华阜康公司。腹腔注射2%戊巴比妥0.002 mL·mg^{-1}·以麻醉实验动物，减轻动物的疼痛。所有动物实验均符合《实验动物护理与使用指南》（第8版）（美国国立卫生研究院，美国国家科学院出版社，2011年），并经中国医科大学实验动物福利与伦理委员会批准（批准文号：CMUXN2022013）。动物实验中使用的$P_{10}P_8TY_{0.1}$水凝胶粉末经紫外光照射灭菌。

该动物实验研究对象为鼠，作者详细地说明了鼠的品种是SD大鼠，年龄为6~8周，体重为180~200 g，来自中国北京华阜康公司。另说明了为减轻大鼠的痛苦，使用了戊巴比妥对大鼠进行麻醉，并声明研究经过中国医科大学实验动物福利与伦理委员会批准，以及实验遵循美国国立卫生研究院《实验动物护理与使用指南》（第8版）的伦理原则。最后描述了水凝胶粉末经紫外线照射灭菌。

（2）实验药品和试剂。

如果用到的药品属于常规药品，只需写出药品的名称、厂家、规格、批号和来源。如果是非常规药品，还要写出其纯度、浓度、分子式等。对于配置的药品，需要详细说明配置方法、保存要求等。化学药品和试剂的商业来源不必写明公司地址，但如果是非商业来源必须标明地址。

例5-2　（摘自"Humidity Adaptive Antifreeze Hydrogel Sensor for Intelligent Control and Human-Computer Interaction"[6]）

Materials: PVA (polymerization degree 1799, 99%) was obtained from Yousuo, Shandong, China. LiCl (99%) was bought from Aladdin, Shanghai, China. LE (98%) was obtained from Feisi, Henan, China. BH (99%) was bought from Qianshen, Hefei, China. Unless otherwise stated, all reagents were utilized without additional purification as received. The deionized water was used in the experiment (UPTA-UV-20, Shanghai Shenfen Analytical Instrument, China). Alcohol (AR, 75%, Shanghai Aladdin Biochemical Technology Co., Ltd).

例5-3　（摘自 "Aloe Inspired Special Structure Hydrogel Pressure Sensor for Real-Time Human-Computer Interaction and Muscle Rehabilitation System" [7] ）

Materials: Polyvinyl alcohol (PVA, polymerization degree 1799, 99%) were obtained from Yousuo, Shandong, China. Polyaniline aqueous dispersion (PANI, fluid viscosity: 10 mPa·s, metal ion content<20 ppm[①], electrical resistivity: 1000~10000 ohm·cm) and silver nanowire aqueous dispersion (AgNWs, concentration: 10 mg·mL^{-1}, silver wire diameter/length: 30~60 nm/10~20 μm) was bought from Shanghai Ouyi Organic Optoelectronic Material Co., Shanghai, China. Sodium polyacrylate aqueous solution (PAAS, 50%) was bought from Tianjin Baima Technology Co., Tianjin, China. All reagents were used as received without further purification unless otherwise indicated. The deionized water was used in the experiment.

（3）实验设备。

实验所用设备、仪器和装置均需说明其名称、型号、商标、生产厂家、国别等。如果所用设备的操作方法众所周知，只需简单描述操作方法；如果是新的设备和方法，应详细说明操作方法。

例5-4　（摘自 "Skin-Inspired Ultra-Tough Supramolecular Multifunctional Hydrogel Electronic Skin for Human-Machine Interaction" [8] ）

Characterization: The hydrogel samples were analyzed qualitatively and quantitatively by Fourier Transform Infrared Spectrometer (VERTEX70, the scanning range is 400~4000 cm^{-1}, From Brooke instruments, Germany). PVA, TA, Gp and other samples were also tested by it. The cross-linked

---

① ppm 为非法定计量单位，1 ppm=1×10^{-6}。

PVA, TA, Gp and other samples were freeze-dried in a freeze-vacuum dryer (FD-A12N-80, Produced by Guansen Biotechnology, China) for 24 h. The hydrogel samples of PVA, PVA‑Gp, PVA‑Gp/TA‑CaCl$_2$ were observed by scanning electron microscope (SEM, Sigma 300, Zeiss, Germany). The cross-linked hydrogel samples were also freeze-dried for 24 h in the freeze dryer (FD-A12N-80, Guansen Biotechnology, China), and then observed after spraying the gold. The acceleration voltage and magnification of the two control charts were 2.0~2.5 kV and 20000 times.

例 5–5　（摘自 "Macroporous Hydrogel for High-Performance Atmospheric Water Harvesting" [9] ）

Instruments and Characterization: The thermal stability of LCP hydrogel was measured with a thermo gravimetric analysis (TGA) (TGA／DSC3＋, METTLER TOLEDO, Switzerland). The component of LCP hydrogel was manifested in a FTIR transmittance spectrum (VERTEX70, Bruker, German). UV-vis-NIR spectrum was measured by a UV-vis-NIR spectrophotometer (UH4150, HITACHI, Japan). The surface morphology was investigated using a scanning electron microscope (EVO 18, Carl Zeiss, German with EHT 20 kV and MAG50, 250, and 500×). Infrared image was captured by a thermal imager (HM‑TPH11‑3AXF, HIKVISION, China). The temperature of the hydrogel was measured by a thermal couple (UT320A, UNI-T, China). The velocity of air flow was measured by an air-flow anemometer (AS806, SMART SENSOR, China). Light intensity was measured by a solar power meter (SM206-SOLAR, SANPOMETER, China). Samples were freeze-dried by a freeze dryer (FD-A12N-80, KUANSONS, China). Indoor sorption experiments were conducted in a humidity chamber (HMS-30B, MS SHI-MEI, China). An ultraviolet blended mercury lamp (SPARKZOO, 65 W, CHANGZHOU SPARK LIGHTING CO., LTD, China) was used during release experiments. Concentration of chloride in collected water was tested by a high-pressure ion chromatography (DIONEX-ICS-6000, Thermo Fisher Scientific, America). Concentration of lithium in collected water was tested by an inductively coupled plasma optical emission spectrometer (ICP-OES 730, Agilent, America).

5.2.2　方法部分的撰写

方法部分主要包括：实验过程（或实验方法）、分析方法（或计算方法）。

（1）实验过程（或实验方法）。

实验过程（或实验方法）要详略得当地描述整个实验过程，一般按照实验的先后顺序分步描写，要给出足够的细节，使读者能够重复实验。一些必要的步骤不可省略，尤其是可能对实验结果造成影响的操作要详细说明。某些读者理解起来有难度的部分，也应详细说明或加以注释。

例 5-6　（摘自 "High Performance Conductive Hydrogel for Strain Sensing Applications and Digital Image Mapping" [10]）

Preparation of the PPC Hydrogel: We prepared a hydrogel composed of PAAS mixed with PVA. PAAS and PVA were dissolved in deionized water at 80 ℃ to form a 20wt% PAAS solution and a 20wt% PVA solution, respectively. Then, PAAS and PVA solutions were mixed in a ratio of 1∶2. The mixture was stirred for 1 h at 80 ℃ to become a homogeneous solution; then, the mixed solution was poured into molds and frozen at −20 ℃ for 12 h. The PPC hydrogel was obtained by immersing the thawed hydrogel into a 10wt% $CaCl_2$ solution for 30 min and wiping off the excess solution on the surface by standing in deionized water for 10 s.

例 5-7　（摘自 "Aloe Inspired Special Structure Hydrogel Pressure Sensor for Real-Time Human-Computer Interaction and Muscle Rehabilitation System" [7]）

Capacitive discharge and electrode corrosion experiment: S-PPA hydrogel is charged using high-voltage DC (5~15 V). The electrode sheet is implanted into the S-PPA hydrogel skin. The new energy of its discharge was evaluated using an electrochemical workstation (CH Instruments Model 700 E). In the electrode corrosion experiments, corroded iron sheets were used easily as electrodes and applied a DC current of 9 V for 2 min to the SPPA hydrogel and the control groups, respectively.

（2）分析方法（或计算方法）。

描述分析方法（或计算方法）时需要注意，实验重复的次数、实验数据的表示方法、使用的统计学方法的介绍、检验标准的说明和计算方法的标示都是必需的。具体来说，需要说明收集到的数据的性质（如原始数据、平均值、标准差等）；明确采用的统计学方法（如t检验、方差分析、回归分析等）；描述如何处理异常值、缺失数据，以及其他可能影响统计结果的情况；指明使用的统计软件（如SPSS，R，Python等）；讨论对结果的敏感性，例如采用不同的统计方法是否会得出相似的结论[2-4]。

例5-8 （摘自 "Shape-Adapted Self-Gelation Hydrogel Powder for High-Performance Hemostasis and Wound Healing" [5]）

Statistical Analysis: All bar graph data were expressed as the mean ± standard deviations (SD). Sample sizes (n) indicated biological replicates or number of animals with a sample number of at least 3. Normality and equality of variance were tested before a statistical test. Significance was assessed as indicated for each experiment with one-way ANOVA followed by the post hoc Tukey's test applied for multiple comparisons. When the significance criterion (p value) was below 0.05, it was considered as statistically significant differences ($*p < 0.05$; $**p < 0.01$; $***p < 0.001$).

例5-9 （摘自 "High Performance Conductive Hydrogel for Strain Sensing Applications and Digital Image Mapping" [10]）

Data Processing of Pressure-Sensitive Recognition Experiments: The first step calculates the change in resistance: $\sigma_i = \Delta R_i/R_{0i} = (R_i - R_{0i})/(R_{0i}=1,$ $\cdots, 6)$. For each pair of electrodes, σ_i represents the change in resistance. Since each resistor block can be determined by a transverse electrode and a longitudinal electrode, the change in resistance of each resistor block can be defined by σ_i; the definitions are as follows: $\sigma_{i,j} = (\sigma_i + \sigma_j)/2$, ($i = 1, 2, 3$; $j = 4, 5, 6$). Afterward, the obtained $\sigma_{i,j}$ is normalized so that its value is limited to the range of 0~1 with the aim of allowing image transparency mapping. The normalized formula is $\varphi = (\sigma_{i,j} - \sigma_{i,j,\min})/(\sigma_{i,j,\max} - \sigma_{i,j,\min})$, where φ is defined as the color mapping degree value (CMD) with larger values representing darker colors indicating more stress.

例 5-10 （摘自 "Aloe Inspired Special Structure Hydrogel Pressure Sensor for Real-Time Human-Computer Interaction and Muscle Rehabilitation System" [7]）

Statistical Analysis: For each experiment in Figure 3, at least three samples were tested, and data were presented as means ± SD. The linearly fitted data in Figure 4d, e were analyzed using ORIGIN (2021) software.

5.2.3　正确使用小标题

在学术论文的"材料与方法"部分，小标题的使用相当普遍，而且有的期刊也明确要求使用小标题。使用小标题可以提供清晰的组织结构，突出关键信息，提高可读性和导航性，并方便引用和检索。小标题的使用要符合实验的时间顺序或按照其他的逻辑安排。需要注意的是，虽然对小标题的数目不做要求，但是应适度使用小标题，不要过度分割内容，以免造成信息的碎片化或阅读的不连贯。一般原则是上文中的"材料"部分涉及的药品和试剂等单独一个小标题——"Materials"，接下来将实验分为几部分，按照不同的实验步骤或方法来命名不同的小标题，但具体的格式还需要参照投稿期刊的规定。下面列出一些论文中的小标题，供读者参考。

例 5-11 （摘自 "Bioinspired Multifunctional Self-Sensing Actuated Gradient Hydrogel for Soft-Hard Robot Remote Interaction" [11]）

The subtitle of "Experimental Section"：

①Materials

②Preparation of PSM Hydrogels

③Characterizations of PSM Hydrogels

例5-12 （摘自 "Multifunctional Gradient Hydrogel with Ultrafast Thermo -Responsive Actuation and Ultrahigh Conductivity" [12] ）

The subtitle of "Experimental":

①Materials

②Preparation of Gradient Hydrogels

③Characterization

④Bending Behaviour Measurement

⑤Conductivity Measurement

⑥Soft Actuators

⑦Wearable Electronics

⑧Smart Switches

例5-13 （摘自 "Shape-Adapted Self-Gelation Hydrogel Powder for High- Performance Hemostasis and Wound Healing" [5] ）

The subtitle of "Method":

①Materials

②Preparation of PPTY Powder

③Preparation of PPTY Powder with Different YNBY Content

④Lap Shear Test

⑤Peel Test

⑥Mechanical Tests

⑦Bursting Pressure Test

⑧Self-Healing Ability Test

⑨Antibacterial Capability Tests

⑩Hemolysis Activity Assay

⑪Cytotoxicity Assay

⑫Hemostatic Test in Vivo

⑬In Vivo Wound Healing Properties of PPTY Powder

⑭Animals

⑮Statistical Analysis

例 5-14 （摘自 "Tough, High Conductivity Pectin Polysaccharide-based Hydrogel for Strain Sensing and Real-Time Information Transmission" [13]）

The subtitle of "Experimental Section":

①Materials

②Preparation of the PPTP Hydrogel

③Characterization

④Mechanical Property Test

⑤Electrical Property

⑥The Stability of the PPTP Hydrogel in Water

⑦Recycling of the PPTP Hydrogel

⑧The PPTP Hydrogel for Wearable Sensor

⑨The PPTP Hydrogel for Flexible Electrodes

⑩The PPTP Hydrogel for Real-Time Encryption and Decryption of Information

5.2.4 材料与方法的撰写要求

（1）紧扣主题。内容需与论文主题紧密相关，避免跑题或涉及与研究主题无关的方法和材料。

（2）科学、真实。所描述的材料与方法应遵循科学原则，确保研究结果真实可靠。

（3）典型、新颖。强调研究中方法和技术的典型性和新颖性，展示其在解决问题方面的优势。

（4）符合伦理。确保实验过程和数据收集符合相关伦理规定，尊重实验对象，避免伦理问题。

（5）详细、清晰。对所采用的方法和材料进行详细阐述，确保其他研究者能在同等条件下重复实验。

（6）结构合理。组织材料与方法部分的内容要有逻辑性、层次分明，并且该部分应与论文其他部分（如引言、结果和讨论等）相互关联，同时要求这部分的叙述顺序和结果与讨论部分的叙述顺序一一对应，形成一个完整的研究体系。

（7）语言简练。撰写过程中注意用词准确、简练，避免使用含义模糊或过于复杂的句子。

5.2.5　材料与方法的写作要点

（1）这部分写作的目的是证实实验的可重复性，因此实验过程一定要足够详细。

（2）小标题的顺序尽量和结果与讨论部分一一对应。结果与讨论部分应与该部分前后呼应，为了增强文章的逻辑性，使呈现的结果简单明了，写作时应尽量使小标题顺序和结果与讨论顺序保持一致。

（3）注意使用正确的时态。材料与方法部分主要描写实验步骤及所用的材料，而且已知进行这些行为的是作者，因此一般采用一般现在时或者一般过去时，且被动语态在这一部分使用也较多。

（4）千万不要伪造实验和数据，不要弄虚作假。

5.2.6　材料与方法写作中出现的问题

（1）实验过程写得过于简单或啰唆。一方面，如果实验过程写得过于简略，以致遗漏某些重要的细节，会使其他研究者无法重复实验，从而不能对论文进行引用。另一方面，如果写得过于啰唆，会影响审稿人的阅读体验，可能导致论文返修甚至不被接收。

（2）使用不合适的技术术语或使用新术语时没有加以定义，导致读者难以理解或造成误解。

（3）缺乏清晰的组织结构。如果信息呈现杂乱无章或缺乏组织，可能使读者感到困惑。

（4）混入有关结果的内容。把结果和实验材料与方法二者混淆，导致重复写作。

（5）单位和名词术语书写错误。该部分涉及较多数学和物理上的单位和术语，并且某些期刊可能会有特殊要求，写作时这一点要特别注意。

5.2.7　材料与方法部分常用语句

下面列举一些材料与方法部分的常用语句，仅供参考。

（1）实验材料。

The materials used in this study include...（本研究使用的材料包括⋯⋯）

The experiment was conducted over a period of［duration］, from［start date］to［end date］.（实验持续了［持续时间］，从［起始日期］到［结束日期］。）

We used commercially available materials, including［list materials］, sourced from［company, location］.（我们使用了商业上可获得的材料，包括［列出材料］，来源于［公司、地点］。）

Experiments were conducted using equipment such as［list equipment］. (实验使用了诸如［列出设备］之类的设备。)

Samples were collected from［describe source］, between［dates］, in［location］.（样本采集自［描述来源］，时间为［日期之间］，地点在［位置］。）

Prior to use, the［name of material］was subjected to［specific treatment or preparation］to ensure its optimal performance.（在使用前，［材料名称］经过［特定处理或准备］，以确保其最佳性能。）

To enhance［specific property］, a modified version of［name of material］was synthesized following［synthesis method］.（为了增强［特定性质］，按照［合成方法］合成了［材料名称］的改良版。）

The［name of material］was selected for its known［property］and has been widely used in studies related to［research area］.（选择［材料名称］是因为其已知的［性质］，并且在与［研究领域］相关的研究中被广泛使用。）

The [name of material] was chosen due to its well-established [property], which is essential for [experimental process].（选择［材料名称］是因为其已经被充分验证的［性质］，这对于［实验过程］是至关重要的。）

（2）实验过程。

The procedure involved several steps, beginning with...（该过程涉及多个步骤，首先是……）

The samples were collected and processed as follows：（样品收集和处理如下：）

Control groups were established to account for potential confounding factors.（建立对照组以考虑潜在的混杂因素。）

Experimental samples were randomly assigned to different treatment groups.（实验样本随机分配到不同的处理组。）

The reaction mixture was stirred continuously for...（反应混合物连续搅拌了……）

The temperature was maintained at... (温度保持在……)

The resulting product was filtered to remove any impurities.（将产物过滤去除杂质。）

The filtrate was collected and subjected to further analysis.（收集滤液并进行进一步分析。）

（3）数据分析。

To validate the results, the experiment was repeated [number of times] times.（为了验证结果，实验重复了［次数］次。）

Statistical analyses were conducted using [specific statistical method], and [software/tool] was employed for data analysis.（采用［具体的统计方法］进行统计分析，并使用［软件/工具］进行数据分析。）

Quality control measures were implemented to validate the accuracy and reliability of the obtained results.（实施质量控制措施以验证所得结果的准确性和可靠性。）

Continuous variables were assessed using statistical tests such as t‐tests or ANOVA.（采用t检验或方差分析等统计方法对连续变量进行评估。）

Significance was set at $p < 0.05$ for all tests.（所有检验的显著性水平设定为 $p < 0.05$。）

Descriptive statistics, such as means and standard deviations, were calculated for the variables.（对变量进行计算，如均值和标准差。）

A chi‐square test was used to assess the association between categorical variables.（采用卡方检验评估分类变量之间的关联。）

（4）伦理批准。

The study was conducted in accordance with ethical guidelines and received approval from the Institutional Review Board (IRB).［该研究按照伦理指南进行，并获得了机构审查委员会（IRB）的批准。］

This study was conducted in accordance with the Declaration of Helsinki and approved by the Institutional Review Board (IRB)/Ethics Committee of ［Institution Name］(approval number:［Approval Number］).［本研究遵循《赫尔辛基宣言》，并获得了机构审查委员会（IRB）/伦理委员会的批准［机构名称］（批准号:［批准号］）。］

All procedures performed in studies involving human participants were in accordance with the ethical standards of the institutional and/or national research committee.（涉及人类参与者的研究中执行的所有程序均符合机构和/或国家研究委员会的伦理标准。）

Informed consent was obtained from all individual participants included in the study.（已从所有参与者那里获得知情同意。）

Written informed consent was obtained from all subjects.（所有受试者均已签署书面知情同意书。）

Participants were recruited from a diverse population of volunteers.（参与者是从多样化的志愿者中招募的。）

All animal procedures were approved by the Institutional Animal Care and Use Committee (IACUC) of ［Institution Name］ (approval number: ［Approval Number］).［所有动物程序均得到了［机构名称］动物保护和使用委员会（IACUC）的批准（批准号：［批准号］）。］

（5）数据使用和隐私声明。

Patient confidentiality was strictly maintained in accordance with institutional guidelines.（根据机构指南，严格保护了患者的隐私。）

Data usage and privacy were handled in accordance with ethical standards and applicable regulations.（数据使用和隐私处理遵循伦理标准和适用法规。）

All personal identifiers have been removed or disguised so that individuals cannot be identified through the details of the study.（所有个人识别标志已被删除或伪装，因此不能通过研究的细节识别个体。）

Data were anonymized and processed to ensure the privacy and confidentiality of participants.（数据已匿名化处理，以确保参与者的隐私和机密性。）

Special care was taken to protect the privacy of individuals when dealing with sensitive information.（在处理敏感信息时特别注意保护个人隐私。）

5.3　本章小结

材料与方法部分是科研论文中至关重要的一部分，它向读者介绍了研究中所使用的材料、实验方法和数据分析技术等，使读者能够理解并复现研究过程，为其他研究者提供参考。同时建立了读者对研究的信任度，为后续的结果和讨论提供了坚实的基础。在撰写材料与方法部分时，要确保详细、清晰、准确，以便读者能够充分了解研究的全貌。

参考文献

[1]张俊东,杨亲正,国防.SCI论文写作和发表:You Can Do It[M].2版.北

京:化学工业出版社,2016.

[2]李达,李玉成,李春艳. SCI 论文写作解析:EndNote/RefViz/SPSS/Origin/ Illustrator 综合教程[M].北京:清华大学出版社,2012.

[3]金坤林.如何撰写和发表SCI期刊论文[M].北京:科学出版社,2008.

[4]解景田,谢来华. SCI攻略:生物医药科技论文的撰写与发表[M]. 2版.北京:科学出版社,2015.

[5]WANG Z Y, LYU T, XIE Q L, et al. Shape-adapted self-gelation hydrogel powder for high-performance hemostasis and wound healing[J]. Applied materials today, 2023,35:101948.

[6]LIU R, LIU Y, FU S, et al. Humidity adaptive antifreeze hydrogel sensor for intelligent control and human-computer interaction[J]. Small, 2024: 2308092.

[7]LIU R N, LIU Y Y, HENG Y G, et al. Aloe inspired special structure hydrogel pressure sensor for real-time human-computer interaction and muscle rehabilitation system[J]. Advanced functional materials, 2023,33 (50):2308175.

[8]CHEN K, LIANG K, LIU H, et al. Skin-inspired ultra-tough supramolecular multifunctional hydrogel electronic skin for human-machine interaction [J]. Nano-micro letters, 2023,15(1):102.

[9]LYU T, WANG Z Y, LIU R N, et al. Macroporous hydrogel for high-performance atmospheric water harvesting[J]. ACS applied materials & interfaces, 2022,14(28):32433-32443.

[10]LIU R, CHEN K, LIU H, et al. High performance conductive hydrogel for strain sensing applications and digital image mapping[J]. ACS applied materials & interfaces, 2022,14(45):51341-51350.

[11]LIU H, CHU H, YUAN H, et al. Bioinspired multifunctional self-sensing actuated gradient hydrogel for soft-hard robot remote interaction[J]. Nano-micro letters, 2024,16(1):69.

［12］LIU H, JIA X, LIU R, et al. Multifunctional gradient hydrogel with ultrafast thermo-responsive actuation and ultrahigh conductivity［J］. Journal of materials chemistry A, 2022,10(41):21874-21883.

［13］LIU Y, LIU R, LIU H, et al. Tough, high conductivity pectin polysaccharide-based hydrogel for strain sensing and real-time information transmission［J］. International journal of biological macromolecules, 2024,257: 128757.

第6章　结果与讨论

6.1　结果与讨论的介绍

在SCI论文中，结果与讨论部分是最重要的内容，其主要介绍研究所取得的结果，并对结果进行深入的分析、讨论和解释。这部分的写法有三种形式：一是结果与讨论分开，结果部分阐述实验数据和结果，讨论部分对其进行分析与解释；二是结果与讨论合并在一起，描述结果后直接进行解释说明；三是只有结果，没有讨论，这种形式并不多见。本书将对第一种和第二种形式展开介绍。

6.1.1　结果的意义

首先，结果部分是论文的核心和灵魂，是对材料与方法的最终总结，通过归纳分析、统计等方法将测量和观察获得的实验数据客观、清楚地展示给读者[1]。其次，结果部分的数据和结果是针对引言部分描述的研究问题给出的解决方案，达到文章的研究目的。此外，结果部分还是讨论部分的前提。

6.1.2　讨论的意义

讨论部分是论文中最重要且最难写的部分。这部分是以实验结果为依据，对其进行分析，解释相应的原理和机制，得出结论，并与其他文献相比较，指出研究的优势和局限性、理论意义和实际意义。讨论部分是对结果的进一步延伸和升华，反映了作者对结果理解的深度和广度。

6.2　结果中数据的表达形式

总的来说，实验数据的表达形式分为三种：文字、插图和表格。选择合适的形式可以更好地展示实验数据，让结果更加清晰明了。这三种表达形式相辅相成。那么，该如何选择并正确地表达呢？

6.2.1　文字

文字是论文的主要载体，用文字表达结果时，一般不引用参考文献，仅符合逻辑、言简意赅、层次分明地展示实验数据和实验现象即可。以下情况需要使用文字来描述。

（1）一般来说，当需要描述的数据较少且简单（信息容易被一两句文本替代）时，可以使用文字直接表达，不需要使用图和表[2]。

（2）当因素较为单一，与其他资料无比较和明显联系，使用较少的文字就能表达时，无须使用图表，选择恰当文字描述即可。

（3）当论文内容是以观察形态为主体，形态学和组织学照片作为结果时，正文一般用相应文字描述形态学图片。

例6-1　（摘自"Skin Inspired Ultra-Tough Supramolecular Multifunctional Hydrogel Electronic Skin for Human-Machine Interaction"[3]）

The tensile strength of pure PVA hydrogel is around 0.016 MPa, and by adding glycerol with the same mass fraction as PVA, the tensile strength of PVA-Gly (PGL) is increased to around 0.05 MPa. More importantly, when the glycerin is replaced with the same mass of Gp, the tensile strength of PGC reaches 1.36 MPa, which is nearly 27 times higher than that of PGL and nearly 85 times higher than that of pure PVA.

6.2.2　插图

插图作为直观展示实验结果的一种表达形式，可以将文字难以描述的内容有效而形象地表达出来，以便读者了解作者的研究结果。插图相较表格，一般用于表示具有明显趋势或相关性的数据，插图应具有表达规范、内容准确、重点突出、可视性强等特点[4]。

当用插图表达结果数据时，选择性很多。常见的有统计图、流程图、柱状图、线形图及实验照片等。这里以线形图、柱状图和实验照片举例。

（1）线形图是体现数据变化情况最好的图表之一，通过绘制线条的升降来表示数据变动情况。线形图强调数据变化的趋势，要求图中的线条能清晰分辨，文字、不同变量的符号和标值能明显区分，坐标轴具有相应的单位（见图6-1）。

例6-2 （摘自"Multifunctional Gradient Hydrogel with Ultrafast Thermo-Responsive Actuation and Ultrahigh Conductivity"[5]）

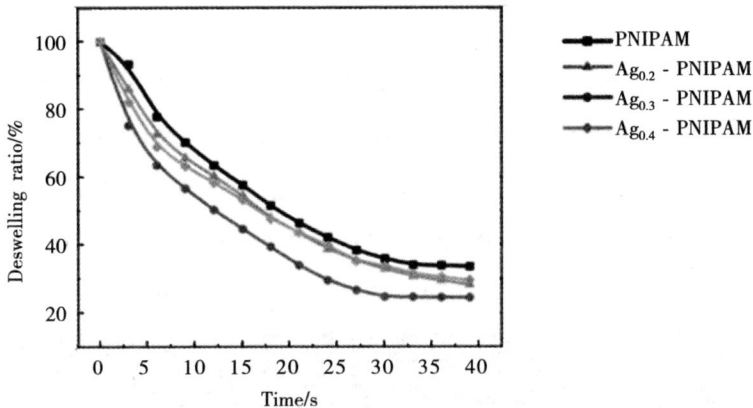

图6-1 线形图示例

（2）柱状图是最常用的图表形式之一，用于表示变化幅度。柱状图用直条长短表示各项数据具体数量大小或变动情况，柱状图越长代表该项数据值越大，反之表示该项数据值越小。一般情况下，柱状图的横坐标用非数字化（比如药物的名称等）表达，代表一定的含义；而纵坐标一般表达相应的测定结果，以数字的形式呈现（见图6-2）。

柱状图一般要求，不同的柱之间要有鲜明的区别，轴上的刻度要清晰明了，纵坐标具有相应的单位，并交代清楚纵坐标、横坐标分别代表的含义。

例6-3 （摘自 "Skin Inspired Ultra-Tough Supramolecular Multifunctional Hydrogel Electronic Skin for Human-Machine Interaction" [3]）

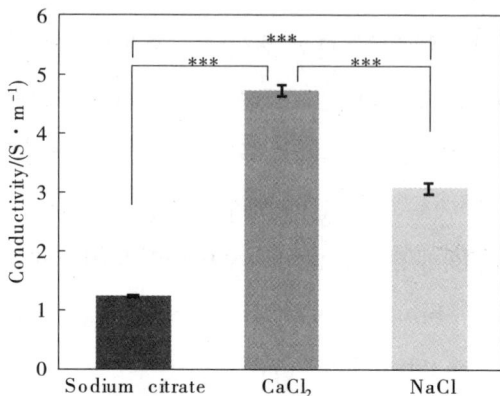

图6-2 柱状图示例

（3）实验照片包含具有记录功能的图片、实验过程中拍摄的图片等。实验照片要求清晰度高、真实、标明比例尺，且一般需要把图片保存成.tiff等格式（见图6-3和图6-4）。

例6-4 （摘自 "Skin Inspired Ultra-Tough Supramolecular Multifunctional Hydrogel Electronic Skin for Human-Machine Interaction" [3]）

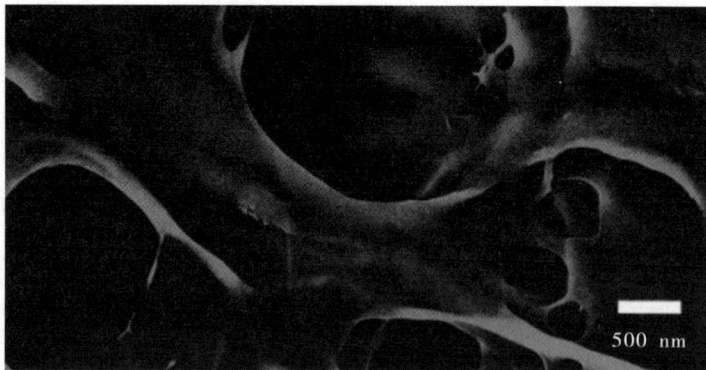

图6-3 实验图片示例1

例6-5 （摘自 "Multifunctional Gradient Hydrogel with Ultrafast Thermo-Responsive Actuation and Ultrahigh Conductivity" [5]）

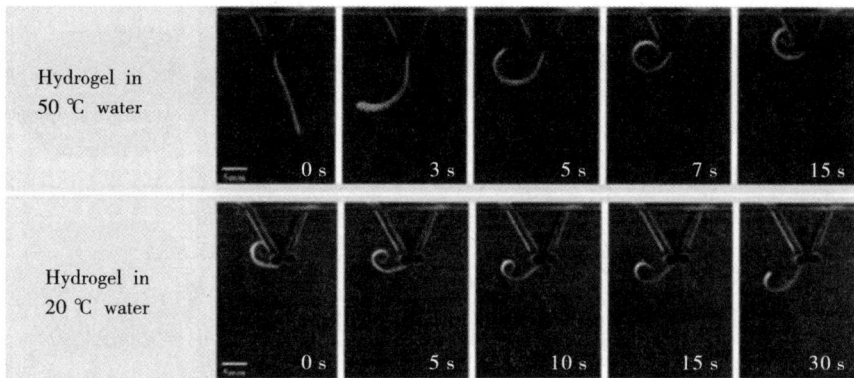

图6-4 实验照片示例2

总的来说，科技论文对插图的基本要求是：简明清晰、正确合理，具有"自明性"，即读者通过插图就能了解基本的研究结果和内容，而非一字一句阅读正文。插图的具体要求如下：

①具有一个明确的信息。读者不看正文，就能理解图意。

②图片应是高清大图，可编辑。

③图注简明、准确。用简洁的文字表达最准确的内容，图中文字需清晰可见。

④图号按照正文中出现的顺序进行编号，即便文章中只有一个插图，也当用序号。有复合图时，每幅图应清楚地标记好诸如a, b, c, d等序号。

⑤图中的缩略语、符号必须与正文中一致。

⑥选择适当的标值和标值间距，使曲线能正确覆盖和表达整个数据。

⑦一篇论文中出现多幅图时，要尽量使标尺、图例等信息格式保持一致。

⑧照片要注明标尺、单位等。

6.2.3 表格

表格能简洁、清晰地记录数据和资料，使其易于理解和比较。SCI论文中经常使用的表格有对照表、数据表、关系表等。当结果中涵盖较多的精确数值或描述无明显规律的复杂分类数据之间的对比、平行、相互关系时，表格能更好地展示结果，使内容一目了然，简明规范（见图6-5）。但相对插图来说，表格缺乏趋势性。

SCI论文中一般采用三线表，即通常只含有顶线、横表头线、底线，除非绝对必要，否则避免使用分割列的垂直线。不过对表格的具体要求还应该参照拟投稿期刊的作者指南。

表格包括表号、表题、表头、表身、表注。具体要求为：

（1）表号。按照表在正文中出现的顺序依次编号，即便只有一个表，也应编号。

（2）表题。表题要简洁清晰，明确地表达表中内容，位于表格上方。

（3）表头。表格顶线与横表头线之间的部分，应选用能表达该栏所列信息的规范术语。若表头内容是多层次的，需要用辅助线隔开。

（4）表身。横表头线与底线之间的部分，是表格的核心，其内容是具体数字或文字，归于同一栏目的数据必须上下对齐，并使用相同的小数位，用"—"表示尚未发现的内容，"0"表示实际测定结果为0。

（5）表注。当表中的符号、代码需要说明时，需添加表注，位于底线下方。

例6-6　（摘自"Skin Inspired Ultra-Tough Supramolecular Multifunctional Hydrogel Electronic Skin for Human-Machine Interaction"[3]）

Materials	Conductive materials	Gauge factor	References
k-Carrageenan/PAAM	Na^+	0.630	[S35]
CNCs-Fe^{3+}/PVA/PVP	Fe^{3+}	0.478	[S1]
CNF/clay/PVA	Al^{3+}	1.170	[S2]
GelMA/PEGDA/CNT/PDA	CNT	1.230	[S23]
PVA-G-PDA-AgNPS	Graphene	0.940	[S6]
PAM/AgNPS/PDA/NFC	Ag	0.340	[S31]
PAM/SBMA/PEG/HEA	Zn^{2+}	0.140	[S32]
PVA/CNF	Na^+	1.500	[S8]
PVA/GC	Na^+	1.560	[S13]
SMA/CNFs/PAM	K^+	0.300	[S28]
PVA-PAANa-PAH	Na^+	1.640	[S19]
PVA/Gp/TA/$CaCl_2$	Ca^{2+}	1.730	This work

图6-5　表格示例

在一篇论文中，并非所有数据都需要使用表格，例如能用几句话表述清楚的数据不需使用表格，既能用插图又能用表格的内容，一般选择插图。

表格中选取的数据要有意义，力求精确，实验数字、计算结果等不重要数据应该省略。

6.2.4 正文中图表描述举例

（1）直接提出图名或表名，对结果进行解释与讨论。

例6-7

Figure 2g shows the microstructure of PVA hydrogels after lyophilization, which has large pores[3].

例6-8

Figure 2b illustrates the tensile curves of different hydrogels. The tensile strength of pure PVA hydrogel is around 0.016 MPa, and by adding glycerol with the same mass fraction as PVA, the tensile strength of PVA-Gly (PGL) is increased to around 0.05 MPa[3].

（2）描述内容，最后用圆括号引出图或表。

例6-9

And it could be clearly seen that the Ag flakes were mainly distributed at the bottom of the hydrogel, which was confirmed by EDS (Fig. 1c and S2)[5].

例6-10

Clearly, $Ag_{0.3}$-PNIPAM hydrogel exhibited the fastest bending speed $(52.3° \cdot s^{-1})$ and the biggest bending amplitude (559°) among the reported hydrogel actuators (Table S1)[5].

（3）短语引出插图或表格。

例6-11

As shown in Fig. 2d, the tensile strength of PGC hydrogel gradually increased with increasing PVA concentration and reached a stress peak of 5.79 MPa at 35 wt%[3].

例6-12

As depicted in Fig. 5d, the sensor steadily detected knuckle flexion and exhibited the ability to distinguish different bending extents (30°, 60° and 90°) of fingers[3].

6.3 结果与讨论的内容

6.3.1 结果的内容

结果一般包括两方面内容：①提供统计结果和研究数据；②客观呈现研究发现。结果部分要求将所获得的研究数据有选择性地进行描述，即展示具有代表性的、主要的、有意义的数据，如果出现阴性结果，不能随意更改或伪造，要实事求是地叙述。并且，研究结果要平白叙述，只描述实验的结果，避免和材料与方法的内容重复。一般结果部分为了表达清楚、结构清晰，常常使用小标题。若材料与方法中已经列出小标题，还需前后对应。

6.3.2 讨论的内容

讨论的内容一般包含以下几个方面：①对实验的主要结果进行总结。讨论中的总结结果不是重复前文，而是用简洁的语言高度概括主要发现。②对结果进行讨论和分析。根据结果描述相应的原理或机制，作出合理的解释。③与国内外其他研究和相关资料进行比较，总结论文的创新性，说明实验中未解决的问题及研究的局限性。④指出论文的理论意义和应用前景。⑤总结全文，得出结论[6]。

6.3.3 结果与讨论合并形式的内容

结果与讨论合并形式的书写一般需要注意以下三个方面：①列小标题或分段表述。列小标题时，如果材料与方法中已经列出，这部分内容应与其相对应，按照前述顺序列出，呈现结果。此外，也可分段表述，需要表述清晰、层次分明。②结果对应引言。结果与讨论合并形式的内容也需与引言相对应，回答引言部分所涉猎的问题。③先结果后讨论，最后得出结论。以图表等形式展示结果，再对结果进行深入的分析、讨论，揭示研究的意义价值及局限性，最后陈述研究的结论[7]。

6.4　结果与讨论常用的词组

（1）描述结果。

The results showed/indicated/reported/revealed/presented that...

The figure illustrates/shows/reports/provides/summarizes/plots/contains/lists/gives...

As detailed in/illustrated by/listed in/shown in/indicated in/evident from/evident in Fig.1...

... can be found in / observed in / seen from / identified from / identified in Fig.1...

... is/are given in/visible in Fig.1...

（2）表示没有显著影响。

It is noteworthy that ...does not affect...

... had/showed no effect on...

Without significant difference/change...

（3）表示不同、相同、比较。

There is a markedly (no) difference between...and...

The same effect was observed in...

...is closely analogous to .../contrast to .../is not significantly different between...

... is consistent with .../essentially identical with .../in good agreement with...

compare well with/ consistent with/ in line with

... is/are in good agreement

... is/are identical (to)

... is/are parallel (to)

... remain controversial/discrepancy/difference between ... and ...

（4）表示支持、阐明。

support/identify/confirm/clarify/provide further evidence for/as anticipated/as expected; is/are better than

（5）表示降低、减少。

... inhibited/decreased/reduced/hindered/prevented/obstructed/retarded...

（6）表示增加。

increased/enhanced/activated/accelerated/expanded...

（7）表示讨论和描述实验意义。

accompany/account/anticipate/argue/attribute/aspect/become/conceive/emphasize/exploit/focus/given/hypothesize/imply/in the presence of/in the absence of/indicate/insight/interpret/predict/propose/shed light on/suggest[8]

（8）表示可能、猜测等。

appear/assume/presume/seem/speculative/suppose

（9）表示讨论中的结果发现。

The major finding of this study is that...

In the present study for the first time we have shown that...

It has been shown for the first time that...

6.5　结果与讨论的注意事项

6.5.1　结果的注意事项

（1）言简意赅，避免重复。结果部分需要简洁明了地表达实验结果，选取有意义、有代表性的数据进行展示[9]。

（2）如实汇报数据，客观评价实验结果。当出现阴性结果或结果与预期不符时，不能伪造数据、随意删改原始数据、盗用他人数据，应准确、真实地记录，尊重事实结果。

（3）层次分明、重点突出。书写结果应遵循逻辑关系，分为若干层次，可使用多个小标题撰写结果，一般按照从最重要到重要、简单到复杂的原则。

（4）合理使用数据表达的形式，简洁明了地介绍图表。用文字能清晰明了说明内容时，无须使用图表；数据较多时，可使用图表和文字相结合的形式说明内容，图表中的数据不应在文字中赘述。

（5）结果与讨论独立的格式中，结果部分一般不解释、不分析原始数据，仅呈现实际结果，在讨论部分进行解释说明[10]。

（6）时态和语态的运用。结果需要使用过去时来叙述。当叙述图表为主语的内容、结果之间或与理论之间的比较、对结果的说明或推论时，使用一般现在时。结果以被动语态为主，也可在其中使用主动语态。

6.5.2　讨论的注意事项

（1）避免重复。讨论中避免过多重复结果，以简洁的语言说明数据。避免重复材料与方法、引言中的背景等内容。讨论是对结果的解释升华而非重述[11]。

（2）讨论时要专注于研究的主要结果，细致讨论前人没有得到的结果，从多个角度阐述研究的创新性，使读者在阅读时能抓住重点，掌握中心思想，而非"面面俱到"。

（3）不要过度解释结果，不要无根据地扩大实验结论。结果的过度解释、讨论的过度外延或讨论与本实验无关的结果，都可能削弱结论的影响。

（4）在对结果进行讨论时，要查阅文献，提出合理的猜测、正确的机制原理。使用参考文献时，要亲自阅读，直接引用，尽量使用较新的文章。

（5）讨论尽量使用主动语态，时态一般为一般现在时和过去时。

6.6　结果与讨论的范例

6.6.1　结果与讨论形式范例

例6-13　（摘自"Thermally Trainable Dual Network Hydrogels"[12]结果部分）

The application potential of the trainable hydrogels as soft actuators is demonstrated in Fig. 5. To convert isotropic volume change into deformations, bilayer hydrogels are synthesized, which contained a layer of positive training DN hydrogel (2 wt% agaroses) and a layer of negative training IIN hydrogel (2 wt% ac-agarose, DA 15). The as-prepared thickness of each layer is 0.5 mm, which is linked together by the interpenetration of networks at the interface during polymerization. The negative training hydrogel contained Rhodamine dyes for better visibility. Detailed preparation methods can be found in the experimental section.（简要叙述）Due to different swelling ratios and mechanical properties of the two layers, the as-prepared bilayer underwent minor bending towards the positive training hydrogel side, corresponding to negative bending angles as shown in Fig. 5a. Once heated above the LCST, the negative training hydrogel shrunk more than the positive training hydrogel (c. f. Figs. 2 and 3), which caused a reverse bending with a positive bending angle. The bending angle is defined as the angle between the direction of the free end and the vertical direction shown in Fig. 5a. The photographs of the bilayer actuator and the corresponding bending angle during a single training step are shown in Fig. 5b, c. Note that the x-axis is not uniform in order to show the deformations during heating and cooling periods. The actuator underwent much higher bending at 70 ℃ than at 40 ℃, where the bending angle increased from 63 to 171 degrees. Such an enhanced bending deformation is preserved in the soft actuator after the training process, which shows an increase in bending angle to 154 degrees at 40 ℃. On the other hand, the bending angle at RT also increased from -20 to 30 degrees due to the increased swelling ratio of the positive training hydrogel. （提供详细的实验数据和结果）

例 6-14 （摘自 "Hydrogel-in-Hydrogel Live Bioprinting for Guidance and Control of Organoids and Organotypic Cultures" [13]讨论部分）

Discussion

Here, we present a method that exploits near-infrared multiphoton laser irradiation of photosensitive hydrogels to build complex 3D structures around hydrogel-embedded live cells and organoids with micrometer accuracy, defined stiffness, and temporal control. With this technique it is possible to add an additional instructive environmental cue to evolving 3D biological structures. We show that, by shaping the 3D architecture of the environment surrounding organ like organoids, we can regulate biological processes, such as size, shape, cell identity, migration and morphogenesis. The hydrogel-in-hydrogel structures fabricated with this method require diffusion of the photosensitive polymer within the pre-existing 3D biological construct. Thus, the approach proposed has broad applicability, allowing temporal and spatial design and guidance of 3D structures for targeting specific time windows and/or cell types in 3D cultures. The primary limitation of this bioprinting approach is the intrinsic limits of the optical properties of the microscope such as objective working distances and/or software set-up used. （阐述主要发现）

The experiments on oSpC cultures showed that hydrogels can guide the orientation of neural axon sprouting in 3D space. Innervation plays a pivotal role as a driver of tissue and organ development as well as a means for their functional control and modulation. During innervation, neural axons are guided by molecular, mechanical, and physical cues to reach their targets. The understanding of neural axon guidance remains a challenge, for example during spinal cord regeneration. A major limit for modeling neural axon guidance in vitro so far has been the precise temporal regulation of guidance signals in the 3D environment. （解析实验结果） Our experimental approach offers a unique ability to precisely control the sprouting of neural projections within the time and space of the culture. This opens new perspectives for deeper characterization and understanding of key players regulating the neural axon guidance in complex and dynamic 3D in vitro neural models. （说明研究的优势、意义）

To conclude, the technique presented in this work allows simultaneously to (i) perform live imaging of organ-like 3D cultures, (ii) define the positioning and orientation of the desired hydrogel relative to a specific organoid with sub - or supra-organoid resolution, and tunable mechanical properties, (iii) perform single or additive hydrogel-in-hydrogel bioprinting at the desired time point of the organ-like 3D culture. Such technical features, combined with the biological effect of printed hydrogels, open the unique possibility to finely tune complex cellular responses in 3D organ-like structures to environmental cues over time. This hydrogel-in-hydrogel live bioprinting technology holds the potential to improve current in vitro organ modeling methods and to inspire innovative models for the investigation of dynamic and multicellular complex processes. （总结研究，阐述研究的优势、应用前景）

6.6.2　结果与讨论合并形式范例

例6-15　（摘自 "Multifunctional Gradient Hydrogel with Ultrafast Thermo -Responsive Actuation and Ultrahigh Conductivity" [5]结果与讨论部分）

Thermo-responsive actuation of Ag-PNIPAM hydrogels

As shown in Fig. 2e and Movie S2, the $Ag_{0.3}$-PNIPAM hydrogel with a thickness of 1 mm can bend 366° to the top side in 7 s and 559° in 15 s in water at 50 ℃. （用图片展示结果） This is because the bottom of the Ag-rich hydrogel has a larger pore size with more room for shrinkage compared to the top of the hydrogel, resulting in a fast thermo-response. （分析结果） We performed a comparison with the reported bending properties of hydrogels under temperature stimulation (Fig. 2f). （与其他文献比较）

Conductivity of Ag-PNIPAM hydrogels

In addition, we used the partial dehydration mechanism (Fig. 3e) to rapidly form the Ag-PNIPAM hydrogel with ultrahigh thermo-responsive conductivity due to the property of volume shrinkage of PNIPAM hydrogel upon heating. （用图片展示实验） The Ag flakes were used due to the high conductivity of silver and the high aspect ratio of the flakes permits morphologies that allow for greater conductivity compared with other conductive particles. （结果的原因） The results demonstrated that the initial $Ag_{0.3}$-PNIPAM hydrogel had relatively low ionic conductivity ($0.632 \ S \cdot m^{-1}$), whereas the resistance of the hydrogel decreased sharply in water at 50 ℃, and could be reduced 10 and 100 times after about 4 s and 10 s, respectively. Finally, this hydrogel can achieve stable high conductivity ($1231 \ S \cdot m^{-1}$) within 3 min (Fig. 3f), significantly better than that of the Ag nanoparticle hydrogel ($0.859 \ S \cdot m^{-1}$, Fig. S12). （相应结果及优势性能）

Application of Ag-PNIPAM hydrogels

Ag-PNIPAM hydrogels can enable many applications due to their outstanding actuation and conductivity. Due to the ultra-fast thermo-response actuation properties of the hydrogel, we realized different soft actuators with fast response. Firstly, a four-armed gripper based on the $Ag_{0.3}$-PNIPAM hydrogel was fabricated to achieve both fast grasping and release of target objects (Fig. 4a and Movie S4).（简要叙述实验）When the gripper was placed into 50 ℃ water, the gripper quickly bent downward to grasp the target object within 4 s and firmly grasped the object at 8 s. After transferring it into 25 ℃ water, the hydrogel gripper opened and released the object within 1 s and continued to open rapidly within 5 s.（实验结果）Compared with other hydrogel grippers, the gripper from the Ag-PNIPAM hydrogel has the fastest gripping and releasing speed (Table S3).（与其他文献比较）Moreover, the Ag-PNIPAM hydrogel can also be used as a jack. As shown in Fig. 4b, the object placed in the middle of the 2 mm thick $Ag_{0.3}$-PNIPAM hydrogel jack can be quickly lifted to a certain height (H) in 50 ℃ water.（实验结果）When the weight of the object increases, the lifting height gradually decreases (Fig. 4c), and the maximum weight that can be lifted is approximately 80 times the dry weight of the hydrogel. Thus, these results demonstrate the Ag-PNIPAM hydrogels can offer promising potential applications in soft actuators.（应用前景）

6.7 本章小结

总之，结果与讨论部分是论文中的关键部分。在撰写这一部分时，要实事求是地使用文字、图、表格等方式描述主要实验结果或发现，要简明扼要地叙述关键内容，要合乎逻辑、层次分明地表达讨论实验结果，确保读者能够理解。

参考文献

[1] CUSCHIERI S, GRECH V, SAVONA-VENTURA C. WASP (write a scientific paper): structuring a scientific paper[J]. Early human development, 2019,128:114-117.

[2] CUSCHIERI S, GRECH V, SAVONA-VENTURA C. WASP (write a sci-

entific paper): how to write a scientific thesis[J]. Early human development, 2018,127:101-105.

[3] CHEN K, LIANG K, LIU H, et al. Skin-inspired ultra-tough supramolecular multifunctional hydrogel electronic skin for human-machine interaction[J]. Nano-micro letters, 2023,15(1):102.

[4] 李达, 李玉成, 李春艳. SCI论文写作解析: EndNote/RefViz/SPSS/Origin/Illustrator综合教程[M]. 北京:清华大学出版社, 2012.

[5] LIU H, JIA X, LIU R, et al. Multifunctional gradient hydrogel with ultrafast thermo-responsive actuation and ultrahigh conductivity[J]. Journal of materials chemistry A, 2022, 10(41):21874-21883.

[6] BARROGA E, MATANGUIHAN G J. Creating logical flow when writing scientific articles[J]. Journal of Korean medical science, 2021, 36(40):275.

[7] 解景田,谢来华. SCI攻略:生物医药科技论文的撰写与发表[M]. 2版. 北京:科学出版社,2015.

[8] 张俊东,杨亲正,国防. SCI论文写作和发表:You Can Do It[M]. 2版. 北京:化学工业出版社, 2016.

[9] 金坤林.如何撰写和发表SCI期刊论文[M].北京:科学出版社,2008.

[10] LANG T A. Writing a better research article[J]. Journal of public health and emergency, 2017, 1: 88.

[11] 张科宏.说服SCI审稿人[M].长沙:中南大学出版社,2014.

[12] Hu S M, Fang Y H, CHEN L. Thermally trainable dual network hydrogels[J]. Nature communications, 2023,14(1):3717.

[13] URCIUOLO A, GIOBBE G G, DONG Y, et al. Hydrogel-in-hydrogel live bioprinting for guidance and control of organoids and organotypic cultures[J]. Nature communications, 2023,14(1):3128.

第7章　总结与展望

学术论文的总结与展望是整篇文章的收尾部分，概括研究成果，并展望未来的研究方向。该部分通过巧妙的安排和明确的表达，能够给读者留下深刻的印象，同时引导未来研究的方向。对于研究性论文来说，展望部分并不是必需的，而对于综述类论文来说，展望部分则是需要的。

7.1　论文总结

总结部分作为学术论文整篇文章的收尾，它对整个研究进行了简明扼要的回顾和概括[1]。这一部分需要总结研究的主要发现、结果和对研究问题的解答，同时强调该研究对学术领域的意义和贡献[2]。

撰写学术论文总结部分的一般步骤和内容要点：

（1）回顾研究问题或目标。开始部分可以简要概述所要研究的问题，强调研究问题的重要性。提及研究中明确的目标或研究问题，确保读者明白研究旨在解决什么问题、回答什么问题或实现什么目标[3]。

（2）总结研究方法和过程。简洁描述所采用的研究方法，不需要过于详细，只需提及用来回答研究问题的主要方法。总结选择的研究方法、实验设计或调查过程，以回顾是如何探索研究问题的。

（3）概括研究结果。突出强调研究的主要发现和结果。强调在研究中取得的主要发现，可以是实验结果、数据分析的关键发现，或对研究问题的独特见解；简要介绍最重要的几个发现，但不要重复；解释研究方法是如何有助于解决研究问题的；阐明研究对研究问题或假设的回答[4]；指出研究是否验证了最初的假设或是否得出了有意义的结论。总结部分通常比摘要和引言的结尾更加翔实和深入。

（4）总结结论。总结性陈述研究所得出的最重要的结论或建议。这些结论应该与前文的讨论和研究结果相关联。总结部分应该给读者留下一个完整的印象，使他们在不必回顾全文的情况下了解研究的核心内容。

（5）论文贡献与意义。强调研究对该领域的学术贡献。说明研究填补了哪些学术空白，为该领域带来了哪些新的见解或方法。首先，明确贡献，如新的理论、实际应用的改进、方法学的创新等。其次，对比现有研究，指出该研究与现有研究的区别，让读者了解为什么这项研究是独特且有价值的[5]。最后，指出实践意义，强调这项研究对实际应用的影响。说明研究结果为何可以用于解决实际问题，提高工作效率，或者说明研究成果对相关领域产生的积极影响。

写总结部分时需要注重写作技巧，要连接上下文[5]，确保总结和前文相互关联，形成逻辑连贯的文本。突出重点，在总结中使用精心选择的词汇，以强调研究的关键点和结论。写作时注意段落结构，确保每个段落、每个完整的句子都有一个明确的主题和重点。

论文总结部分是对整篇文章的精练概括，要准确、清晰地表达研究的主要内容和意义，给读者留下深刻的印象。确保结论与论文主体中呈现的数据逻辑一致，与引言中的论点陈述相呼应，或者是引言中研究问题的确切答案。如果总结部分包含了建议，要确保这些建议符合之前给出的数据和结论的逻辑，并且不与引言中期望做的事情相冲突。结论的所有材料顺利地编织在一起时，就形成了一个完美的结尾。

7.1.1　模板（仅供参考）

总的来说，本研究在［研究主题］领域取得了重要的成果。通过全面的实验和翔实的数据分析，我们对［研究问题］进行了深入的探讨，并得出了以下关键结论：

（1）我们采用了［研究方法］进行实验设计，这些方法为我们提供了深入理解［研究问题］的机会。

（2）研究的主要发现包括［关键发现］。这些结果为我们的研究奠定了坚实的基础，并为［研究问题］提供了有力的支持。

（3）本研究对［学术领域］的发展作出了积极贡献，填补了以往的研究空白，为相关领域提供了新的视角。

在讨论和分析的过程中，我们深入挖掘了［研究结果］的内在关联，对比了与之前研究的异同。最后，通过本研究，我们期望能够激发更多学者的兴趣，共同致力于［研究领域］的深入研究，推动学科的不断进步。

7.1.2　示例

以下是一篇受芦荟启发的水凝胶学术论文，对该篇文章的总结部分进行示例分析。

In conclusion, inspired by aloe, this paper proposed a special structure hydrogel pressure sensor with skin called the SPPA hydrogel. A protective skin with low water content is formed on the surface of the hydrogel by removing water molecules from the surface of the PVA-based hydrogel. The skin imparts extreme resistance to damage to the hydrogel, and its fracture strength is 11 times higher (to ≈ 5 MPa) compared to hydrogel without skin. In addition, the combination of PVA with PANI and AgNWs gives the S-PPA hydrogel dual conductivity (0.8 $S \cdot m^{-1}$ inner skin and 0.33 $S \cdot m^{-1}$ outer skin), pressure sensitivity, and antibacterial properties (S. aureus bacterial inhibition rate of 89.44%). Taking advantage of S-PPA's excellent pressure sensing properties, combined with wireless Bluetooth technology, we successfully achieved multi-gradient intelligent pressure control for general electronic device operations. Moreover, by combining Python programming, we developed a real-time muscle assessment and training system based on S-PPA hydrogel. Through the rehabilitation system, muscle strength and endurance can be observed in real-time, achieving human-computer interaction. S-PPA hydrogel combined with next-generation smart technologies such as AI, IoT, and 5G has significant potential for applications in human muscle rehabilitation, biomedical engineering, and other fields[6].

分析：

（1）首先，总结部分清晰地陈述了研究的创新点，即S-PPA水凝胶的特殊结构和性能。

（2）其次，提到了一些实验结果，如皮肤对水凝胶性能的提升，以及S-PPA水凝胶的特性。突出材料性能，详细介绍了S-PPA水凝胶的特性，包括抗损伤性、双导电性、压力敏感性及抗菌性，突出了材料的多功能性。

（3）最后，强调实际应用。列举了实际场景中S-PPA水凝胶的应用，如多梯度智能压力控制、实时肌肉评估和训练系统，使研究更具实际应用价值。

展望部分将S-PPA水凝胶与先进技术如AI、IoT和5G结合，强调了材料在未来领域中的广泛应用潜力。引入了人机交互的概念，利用S-PPA水凝胶的优越性能实现对肌肉康复的实时观测，凸显了材料在医学领域的应用前景。结合Python编程，强调了材料在工程和计算机科学领域的交叉应用，鼓励跨学科合作。提供了具体的数据，描述了S-PPA hydrogel的具体性能参数，如导电性等，为文章提供科学支持。

总结部分始终紧扣主题，从材料性能到实际应用，使读者对整个研究过程有一个清晰的认识，使得总结和展望部分在向读者传达研究的价值、创新和实际应用方面表现良好。

以下是一篇电子皮肤方向的学术论文，对该篇文章的总结部分进行示例分析。

In conclusion, we have developed a skin-inspired and mechanically tunable ultra-tough hydrogel e-skin using a supramolecular system for a human-machine interaction interface. By adding a novel salting agent (Gp), molecular self-assembly is performed under the salting-freezing-thawing action, and finally a strong hydrogel with tunable mechanical properties is obtained. Gp enhanced the interchain interaction of PVA and we obtained a tough hydrogel with skin-like functional properties by adding TA. The hydrogel integrates ultra-toughness, transmission (>60%), UV protection (filtration: 80%~90%), electrical conductivity (4.72 S·m^{-1}), antibacterial (E. coli and S. aureus), anti-swelling and strain sensitivity properties. And its physical cross-linking properties allow it to be recast multiple times and used multiple times. As an interactive interface, PGC can also be used in complex scenarios such as underwater sensing and message encrypted communication, in addition to monitoring physiological activity (ECG, micro-expressions and joint movements). We have also used this to create a finger joint training system that incorporates human-machine interaction (including a front-end data collector and back-end data analysis software) to further improve the intelligence of rehabilitation medicine and enhance the user experience. In summary, the supramolecular bionic electronic skin proposed in this paper will be more suitable for future needs of human-machine interaction in multi-complex scenarios. PGC electronic skin patch has broad application prospects in the fields of new generation wearable electronic skin, rehabilitation medicine, human-machine interaction, VR/AR and metaverse[7].

分析:

（1）总结部分清楚地说明了研究的出发点（受皮肤启发的超韧水凝胶电子皮肤）和目标（用于人机交互界面），便于读者迅速了解研究的主题和意图。

（2）通过介绍添加新型盐类剂（Gp）和分子自组装的具体步骤，以及最终获得具有可调机械性能的强韧水凝胶，帮助读者理解实验过程和实验原理。

（3）强调水凝胶的关键性能，如超强韧性、透明度、紫外线保护、电导率、抗菌性等，有助于读者全面了解研究成果的多方面特性。

（4）列举了该电子皮肤在复杂场景中的应用，如水下感知、加密通信和生理活动监测，为研究的实际应用提供了具体场景，增强了研究的实用性。

（5）对未来发展前景进行了展望，指出该电子皮肤在可穿戴电子皮肤、康复医学、人机交互、虚拟/增强现实和元宇宙等领域具有广阔的应用前景，为研究的实际应用和未来发展提供了有力支持。

（6）引入了一个具体的医疗应用案例——指关节训练系统，在系统中融入人机交互技术，通过数据采集和后端数据分析软件提高康复医学的智能化水平，为读者展示了研究在实际医疗领域的应用潜力。

总结部分通过清晰的陈述、详细的技术介绍、强调关键性能和未来前景，以及具体的应用场景引入，使读者对研究有了全面深入的了解，为研究的重要性和实际应用价值提供了有力支持。

7.1.3　注意事项

（1）简明扼要强调重要性。总结部分要简明扼要，突出重点，避免内容重复，这一点是至关重要的，写作时需要特别注意。避免文章的冗余和条理不清晰造成读者阅读困难和误解，确保读者能够理解文章思路。

（2）突出自己的研究对学术领域的重要性和价值，文章的创新点和达成的目标是整篇文章的重点。与引言部分首尾呼应，强调研究目标是否达成，或者提供解答，不要割裂文章的整体性，文章的目标和结果要一致。

（3）避免新增内容。不应在总结部分提出新的观点或信息，应该总结文章中讨论过的内容。新增内容不仅会造成读者对文章原意的曲解[8]，而且对于表达文章的观点也是不利的。

7.2　展望

学术论文的展望部分是整篇文章中的最后部分，在研究型论文中，对于未来研究的展望相对较为有限，而综述性论文更倾向于深入探讨相关领域的发展方向。展望部分主要探讨当前研究领域未来的发展方向和可能的研究趋势，这部分有助于提供对未来研究方向的启示，为读者展示研究者对该领域发展的理解和展望[9]。

撰写学术论文展望部分的一般步骤和内容要点：

（1）未来研究方向。探讨研究者所研究领域未来可能的发展方向[10]。这一部分可以提出一些新的研究问题或方向，为此领域的进一步探索提供可能性[11]，也可包含研究者希望未来人们在此领域所进行的研究。考虑研究者的研究与其他领域的交叉点，以寻找跨学科研究的机会，这有助于拓宽研究的范围。

（2）潜在的研究重点。指出未来可能的重点研究领域，强调哪些方面是有待深入研究的，以及可能的新兴话题或趋势。这一部分可以讨论在未来研究中可能采用的新方法、技术或工具。说明这些方法和技术对解决问题的潜在价值；可以分析当前学术领域和相关产业的发展趋势，提出未来可能涌现的问题和需求，思考自己的研究如何与这些趋势关联。

（3）技术、方法或理论的改进。讨论如何改进自己所使用的技术、方法或理论，以提高未来研究的质量，探讨可能的新技术或新方法的应用，有助于展示对未来研究的洞察力和创新性[12]。

（4）解决未解决的问题。强调研究中尚未解决的问题，并提出解决这些问题的初步想法或建议，坦诚地讨论研究的局限性和可能存在的限制，这有助于提高研究的可信度和适用性。

（5）结合具体事实。讨论研究解决了什么问题，提出将研究成果应用于实际问题的建议。强调未来研究可能带来的学术或实践上的贡献，以及研究的潜在影响力，通过展望再一次体现该篇学术论文研究的意义。

写展望的时候要确保句子和段落清晰、逻辑合理，以引导读者理解未来研究的方向和可能的发展趋势。使用明确、具体的词汇，避免模糊或含糊不清的表达，突出未来研究方向的创新性和独特性。尽量使用普通读者也能理解的词汇，避免过度依赖领域专业术语。确保展望部分的观点和主题一致。使用长短句交替，以增加段落的流畅度，使读者更容易理解。

展望部分是为读者展示研究的可持续性和进一步深入的可能性，为未来研究提供方向和启示，对于明确研究的深远影响和潜在贡献至关重要。通过巧妙地构建展望部分，研究者能够向学术社区传达研究的重要性，同时为未来研究者提供有益的指导和启示。

7.2.1　模板（仅供参考）

展望未来的研究方向：

①未来的研究可以进一步深入挖掘［研究主题］的特性，以揭示更多细节和机制。这可能包括对［具体方面］更深层次的实验和分析。

②我们鼓励与其他学科（例如［相关学科］）的研究者开展更多的合作。通过跨学科合作，可以拓宽研究的视角，为［研究主题］提供更全面的理解。

③随着科技的不断进步，未来的研究可以探索整合新技术和新方法，例如［新技术/新方法］。这些创新性的工具和手段将有助于提高研究的效率和准确性。

④未来的研究可以更加关注［研究主题］在实际应用中的可能性，例如[实际应用领域]。这有助于将研究成果转化为实际应用，为社会和行业带来更多的益处。

⑤我们鼓励未来的研究者解决［研究领域］中尚未解决的问题，尤其是[未解决的问题]。这将为学科的发展提供新的方向和动力。

⑥在未来的研究中，我们应该更加关注可持续性和环境友好性。研究设计和实验应考虑降低对环境的影响，并提倡可持续的科学实践。

⑦未来的研究可以深入探索［研究主题］的新前沿，例如［新兴领域］。这将有助于推动学科向前发展，拓展研究领域的边界。

通过对这些方向的深入研究，我们期望能够为［研究领域］的发展提供新的思路和解决方案，不断推动学科的进步。

7.2.2　示例

以下是一篇梯度结构软致动器综述论文，对该篇文章的展望部分进行示例分析。

In conclusion, we summarize the most recent progress in the field of gradient structured soft actuator, including synthetic materials, formation mechanisms, and representative applications (Table 7). Obviously, gradient structured soft actuators can be realized by using hydrogel, carbon-based, SMP, and LCE materials with various formation mechanisms such as UV, electric/magnetic field, infiltration, wettability and 4D printing. Gradient structured actuators have the properties of integrated non-delamination, smooth and continuous fast actuation, and flexible multi-stimulus response, enabling various complex deformations. Therefore, many applications have been realized, including smart grippers, bionic soft robots, on-off switches, and flexible electronics. However, despite the impressive achievements of gradient structured soft actuators, challenges and opportunities still exist in this field.

First, further improve the bionic mechanism for the preparation of more realistic actuators. Many inspirations for the preparation of gradient actuators come from nature, but there is still some distance between the movement ability of the prepared actuators and natural creatures, such as mobility and movement efficiency. Although crawling soft robots have been realized, the movement speed is too slow. In the future, we can continue to refine the simulation of biological structures and imitate their movement mechanism to improve the response frequency and even achieve bird-like flight.

Second, deeply analyze the actuation mechanism for precise and controllable response behavior. Most studies on gradient actuators have neglected the analysis of self-driven deformation and motion mechanisms from mathematical and mechanical perspectives. Therefore, we can analyze and demonstrate the actuation phenomenon through computational derivation. On the other hand, we can combine big data analysis to optimize the structural design, material selection, and preparation of gradient actuators. It is also possible to predict the potential actuation behavior and to better control the movement track of the gradient actuator.

Third, realize novel multifunctional intelligent applications. We need to prepare more intelligent soft actuators. On the one hand, we can combine conductivity. Although there are already actuators with conductivity, most of them are only used as sensors only (not related to the actuation function at application) or as circuit switches. Thus, gradient soft actuators that fully combine conductivity with self-aware actuation and self-diagnostic feedback control may be better suited for future intelligent applications. On the other hand, we can combine power generation. The soft actuator is often an accelerated process during deformation, so it is very suitable to combine the piezoelectric effect for power generation. Although a few soft actuators have realized the power generation function, they are simply a double-layer structure of soft actuator and piezoelectric film, and the integrated gradient structure of piezoelectric actuator has not been explored yet. Meanwhile, the gradient actuator can be combined with a single electrode mode friction nanogenerator for frictional power generation. More, gradient actuators based on wet power generation can also be prepared due to the gradient structure that can promote the efficiency of wet power generation. Such soft gradient actuators combined with power generation may expand the intelligent applications in new energy fields in the future.

Last but not least, optimize the actuator performance for practical applications. Gradient actuators have been implemented in many applications, but most of them are still limited to the laboratory. Therefore, it is necessary to combine multiple properties (self-healing, super toughness, self-growing, anti-swelling, anti-freezing, antibacterial, structural color, multi-stimulation response) to develop high performance gradient actuators to satisfy practical requirements. Among them, mechanical performance is an important indicator for practical applications. We need to further improve the mechanical properties while overcoming the compatibility problem between mechanical strength and actuation speed, since the high Young's modulus reduces the actuation speed. In addition, gradient soft actuators usually achieve actuation response to external stimuli only under conventional conditions, but have not been investigated under extreme conditions (e. g., high/low temperature, high pressure, and strong acid/alkaline). Therefore, further studies can be conducted to maintain excellent actuation effects even in extreme environments and to expand their practical application areas.

In summary, the field of bioinspired gradient structured soft actuators is emerging and developing with great promise and value. The existing challenges in this field require the joint efforts of interdisci-plinary experts with different backgrounds. We believe that in the near future, gradient actuators will flourish and become applicable in many advanced fields[13].

分析：

（1）该展望部分全面总结了梯度结构软致动器领域的最新进展，包括合成材料、形成机制及代表性应用。通过提供一个表格（Table 7），读者能够一目了然地了解这一领域的当前状况。

（2）作者明确指出了该领域仍然存在的挑战和机遇。这有助于为未来研究提供一个清晰的指导，使读者了解研究的前沿问题和潜在方向。

（3）展望部分提出了对未来研究的具体建议。例如，改进仿生机制以制备更逼真的致动器、深入分析致动机制以实现精准可控的响应行为、实现新型多功能智能应用、优化致动器性能以满足实际需求等。这些建议是切实可行的，有助于引导未来研究的方向。

（4）作者对梯度结构软致动器领域未来的发展持乐观态度，强调该领域的巨大潜力和价值。这有助于激发读者对该领域的兴趣，并鼓励更多的研究人员参与到这一领域的研究中。

（5）展望部分涉及多个学科领域，包括仿生学、力学、电子工程等，显示了作者对梯度结构软致动器领域的全面理解。这种跨学科思考有助于推动该领域的综合发展。

这个展望部分在明确问题、提出建议、表达乐观态度等方面表现出色。它为读者提供了对未来梯度结构软致动器研究的深刻认识，并为未来的研究方向提供了有益的指导。

以下是一篇仿生纤维方面的综述论文，对该篇文章的展望部分进行示例分析。

The recent advance in bioinspired fibers with controlled wettability has overcome a range of challenges encountered in practical applications. Understanding advantages and disadvantages of each spinning technique with their suitable applications is critical in making effective selection and/or combination of different strategies to accelerate the further development and applications of bioinspired fiber-based materials in various fields.

Although bioinspired fiber systems with controlled wettability have been intensively explored, our knowledge is still limited and cannot meet the demands for their practical applications. Several key issues remain to be addressed and are briefly discussed below. Spinning Techniques. In this Review, three different spinning techniques are compared in terms of spinning principle, material selection, and suitable applications. Although these spinning techniques are used for the preparation of functional fibrous materials, they are not sufficiently satisfactory in meeting the demand of manufacturing fibrous materials with high throughput, low power dissipation, well-controlled composition and morphology, and good performance. The low throughput associated with the existing coating techniques limits their capability to meet the economic and sustainability needs. Electrospinning can directly spin synthetic and natural polymer materials into fibers at high throughput. However, the hydrophobic properties of synthetic polymers are not favorable for the rapid adhesion of droplets to the surface of electrospun fibers, which greatly limits their application in water collection. In contrast, microfluidic technology is capable of spinning synthetic and natural polymers in an aqueous environment without the use of toxic solvents. It provides a powerful platform for precise manipulation of fiber size and shape at the micro-/nanoscale. However, only dozens of materials are available for micro-fluidic spinning, and mechanical properties of these fibers are not yet comparable to those of natural silk. Further efforts are needed on the technological enhancement for better fiber control and construction, the development of advanced spinning techniques, and the exploitation of raw materials. Various spinning chip designs and hydrodynamic techniques can be considered to manufacture intelligent spindle-knotted fibers. Examples include the use of patterned channels for fiber shape confinement, nanoparticle self-assembly for additional functionalities, and 3D printing for flexibility in controlling fiber shapes. A fascinating trend involving hybrid spinning systems is the integration of different spinning techniques, particularly microfluidics and additive manufacturing, to facilitate the construction of textile fabrics and 3D scaffolds with different wettability or functions.

Fog Harvesting Applications. Fog harvesting is an important application of bioinspired wetting-controlled fibers which usually involves the capture of fog droplets on fibers, droplet growth associated with the continuous deposition and coalescence, and the dropping of sufficiently large droplets. However, our knowledge on these three sub-processes remains limited. Our understanding and control of droplet motion at the microscopic level are still in their infancy; for example, the study is very limited regarding the instantaneous/continuous velocity of droplets during transport. The self-propelled droplet transport on the fiber surface remains the focus of interest. Strategies are in great demand to actively transport and manipulate droplets in real time, thus enabling rapid, independent, reversible, and responsive switching between different regions of the fiber surface. There is currently no uniform index to assess and compare the fog-harvesting capability. Three indicators have been normally used in the literature: maximum hanging volume, droplet transport speed, and water collection efficiency. With a single fiber, a larger hanging volume enables a larger capturing area for fog droplets, thereby enhancing the fog-harvesting capacity. For complex fibrous networks, however, a larger hanging volume does not always lead to the enhancement of fog-harvesting capacity. Deposited droplets are usually pinned on the fiber surface until their sizes exceed a certain threshold, at which the gravity overcomes the adhesion force. The growing droplets may clog the openings of the fibrous networks and block the fog flow, thereby weakening the interaction between fog flow and fibers and the fog-harvesting capacity. Water collection efficiency refers to the amount of water collected per unit time and per unit area and is thus of practical relevance. However, its value is significantly influenced by the fiber collector (morphology, length, contact area, wettability, and gel state) and its working conditions (fog droplet size, flow rate, direction, distance between the fog generator and the target collector). It is thus inconvenient to use it in contrasting different fibers and collectors. Apart from the water capture efficiency, the water removal efficiency, stimulus-responsive time, and reversibility are also important but are rarely considered in the literature. The capture and removal processes occur simultaneously and are coupled together. It becomes a must to enhance the droplet deposition on fibers and accelerate droplet sliding along fibers simultaneously and synergistically. Janus fibers with asymmetric hydrophobicity and hydrophilicity are expected to serve this well. Incorporating functionalized nanoparticles and polymers would enable in situ, rapid, and reversible manipulation of the water capture and removal processes and may thus be effective in enhancing the fog harvesting capacity.

Wetting-Controlled Fibrous Surfaces. Another important application of functional spindle-knotted fibers has been demonstrated in the weaving of textile fabrics or membranes for liquid repulsion and liquid-liquid separation.

The principle of constructing wetting-controlled surfaces is to enhance the lyophilicity and lyophobicity of the solid surface by using multi-scale structures and increasing the surface roughness. Although many methods have been developed to fabricate spindle-knotted fibrous surfaces with controlled wettability, most of them are not suitable for industrial mass production. It is therefore necessary to develop a low-cost, facile, and scalable technique to prepare spindle-knotted fibrous surfaces with good mechanical stability and durability. To date, electrospinning appears to be the most promising strategy because it allows various post-treatments, like nanoparticle spraying and chemical modification of functional groups, works with the addition of external fields, and is readily combined with nanofabrication. Fibrous membranes of different wettability can be integrated together to form a bilayer asymmetric membrane for the unidirectional passing of liquids. Some studies have investigated the wetting states of spindle-knotted fibrous surfaces in the ambient environment and at high temperatures, but further exploration is needed with respect to more extreme conditions (e.g., at very low or high temperatures and pressures), more liquids (e. g., liquid mental, biological liquids), and raw materials (e.g., self-healing and self-replenishing materials). Moreover, the use of fiber-based materials in other gel states (e.g., xerogel and aerogel) enables a high absorption rate, which is relevant and significant for air filtration and oil-water separation, and thus deserves further attention. Further investigation is also needed regarding the collective motion of droplets and their coalescence on fibrous surfaces which are critical for applications including droplet based microreactors, drug delivery, dust removal, filtration, and self-cleaning[14].

分析：

（1）作者全面探讨了生物启发纤维的可控润湿性在实际应用中面临的挑战，并指出了一些关键问题。这有助于激发读者深入研究这一领域的兴趣，并为未来研究指出了明确的方向。

（2）展望部分通过对比三种不同的纺丝技术，详细分析了它们在纺织原理、材料选择和应用方面的优缺点。这种对比有助于读者更好地理解各种技术的特点，为未来的研究和应用提供了参考。

（3）作者提出了一系列针对性的建议，涉及纺织技术的改进、纤维制备的先进技术、新型材料的开发等。这些建议为未来研究指出了明确的方向，有助于推动该领域的发展。

（4）作者详细探讨了生物启发润湿控制纤维在雾收集和纺织面料中的应用。对雾收集的指标和润湿控制面料的制备方法进行了深入剖析，强调了各个指标的重要性。这有助于读者更全面地了解这些纤维在实际应用中的潜在价值。

（5）作者对未来仍然存在的挑战有着深刻的认识，如微观水滴运动、纤维表面润湿状态评价指标、纺织面料的扩大生产规模等。这种深刻的认识为未来研究提供了清晰的方向。

展望部分通过对关键问题的深入讨论、对不同技术的对比、提出具体建议和对未来挑战的认知，帮助读者全面了解生物启发纤维领域未来发展。展望部分翔实的内容有助于引导未来研究者在这一领域取得更为深入的成果。

7.2.3　注意事项

（1）合理性与可行性。展望部分的建议应该合理可行，且基于当前研究的成果和现实情况提出，不要过分吹嘘自己的研究成果，以免造成读者误解。

（2）乐观但实际。保持正确的态度对待自己的学术成果，科研是无止境的大道。虽然应该保持乐观，但也要面对现实，对未来研究的展望应该基于已有证据和研究基础。

（3）提供启发。这部分不仅是对未来的预测，还应该激发其他研究者探索该领域的兴趣。

7.3 本章小结

本章对学术论文总结与展望部分的内容要点和写作技巧进行了详细的介绍，并引用了实际的示例进行阐述。在论文写作过程中，总结部分需要回顾问题和目标、总结方法和过程、概括研究结果、总结结论、归纳贡献与意义。总结应言简意赅、突出重点及避免新增内容。展望部分则更多出现在综述性论文中，其内容一般包含未来研究方向、潜在的研究重点和技术、方法或理论的改进等一些对读者有引导意义的描述，同时需要保证展望的方向合理、实际，以期读者能够从论文中受到启发。

参考文献

[1] 胡庚申. 论文写作与国际发表[M]. 北京：外语教学与研究出版社, 2014.

[2] 高建群. 学术论文的写作与发表技巧[J]. 中国科技期刊研究, 2000, 11(3)：160-161.

[3] 周传虎. 学术论文写作与发表指南[M]. 北京：中国人民大学出版社, 2019.

[4] ARSLAN K, BENZER E. A synthesis study of national and international graduate theses on writing for learning in science education[J]. Egitim ve bilim-education and science, 2022, 47(210)：63-94.

[5] YANG M. Supervisory feedback, reflection, and academic discourse socialization: insights from an L2 doctoral students paper writing experience [J]. Journal of English for academic purposes, 2023, 62：101215.

[6] LIU R N, LIU Y Y, CHENG Y G, et al. Aloe inspired special structure hydrogel pressure sensor for real-time human-computer interaction and muscle rehabilitation system[J]. Advanced functional materials, 2023, 33(50)：2308175.

[7] CHEN K, LIANG K, LIU H, et al. Skin-inspired ultra-tough supramolecular multifunctional hydrogel electronic skin for human-machine interac-

tion[J]. Nano-micro letters, 2023, 15(1):102.

[8] 许悦萌, 刘永杰. 学术发表对博士学位论文质量影响的实证研究:基于336篇博士学位论文的分析[J]. 高教论坛, 2023(7):97-101.

[9] 黄振永, 鄢永明, 裴雪丹. 大学生学术论文写作与发表实用教程[M]. 武汉:武汉大学出版社, 2014.

[10] WEATHERALL R. Writing the doctoral thesis differently[J]. Management learning, 2019, 50(1):100-113.

[11] PATRIOTTA G. Crafting papers for publication: novelty and convention in academic writing[J]. Journal of management studies, 2017, 54(5):747-759.

[12] 张俊东, 杨亲正, 国防. SCI论文写作和发表:You Can Do It[M]. 2版. 北京:化学工业出版社, 2016.

[13] LIU Y H, WANG J J, WANG H Z, et al. Braille recognition by E-skin system based on binary memristive neural network[J]. Scientific reports, 2023, 13(1):5437.

[14] SHI R, TIAN Y, WANG L. Bioinspired fibers with controlled wettability: from spinning to application[J]. ACS nano, 2021, 15(5):7907-7930.

第8章　参考文献、致谢、利益冲突声明和补充材料

8.1　参考文献

在SCI（科学引文索引）论文中，参考文献具有非常重要的作用。参考文献能够为研究提供理论和实证支持，展示前人在相关领域的研究成果。通过引用前人的研究成果，作者可以加强自己的研究观点，并表明其研究的重要性。SCI论文中引用的参考文献通常包含使用的研究方法、实验设计、数据分析等方面的信息[1-2]。这些文献可以用来验证作者所采用的方法是否可靠和有效。通过引用权威和经典文献，作者可以展示对相关领域的学术了解，增加读者对作者研究能力和学术质量的信任。参考文献还提供了一个学术交流的框架，通过引用其他研究者的成果，作者可以将自己的研究放置在整个领域的背景中，并与其他研究进行对比和讨论。引用参考文献是科学研究的基本要求，也是避免抄袭的重要手段。通过引用他人的文献，作者可以明确区分自己的研究成果和他人的贡献。通过仔细阅读参考文献，作者可以发现潜在的研究方向、未解决的问题或者新的研究观点。这有助于启发作者进一步扩展研究。总之，SCI论文中的参考文献具有支持研究观点、验证方法、显示学术深度、构建知识框架等多种重要作用。合理引用参考文献是科学研究的基本要求，也是保证学术诚信的重要举措。

在SCI写作过程中，作者可以通过手动添加的方式插入文献，但是这种方法不便于修改和更换格式。因此，可以通过软件来插入[3]文献。常用的参考文献插入和编辑软件有EndNote、Mendeley和Zotero等。这些软件都可以与Micro-soft Word等文字处理软件进行无缝集成，帮助作者管理、整理和插入引用的

文献，提高写作效率，但不能完全相信插入软件，最后仍需再次检查，避免出现细节问题。以下以最常用的EndNote软件为例进行说明。

8.1.1　使用EndNote插入文献

8.1.1.1　EndNote格式导入

（1）将文献标题放入百度学术或者谷歌学术中搜索，核对作者、标题、期刊、出版年等是否正确，如图8-1所示。

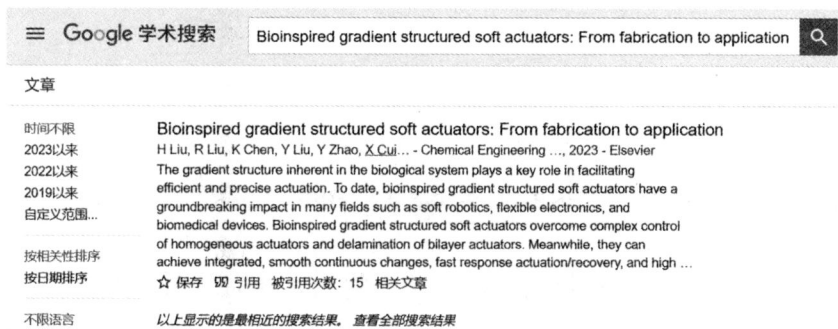

图8-1　在Google学术搜索里检索文献

（2）导出EndNote格式，直接用EndNote软件打开，即可导入，如图8-2所示。

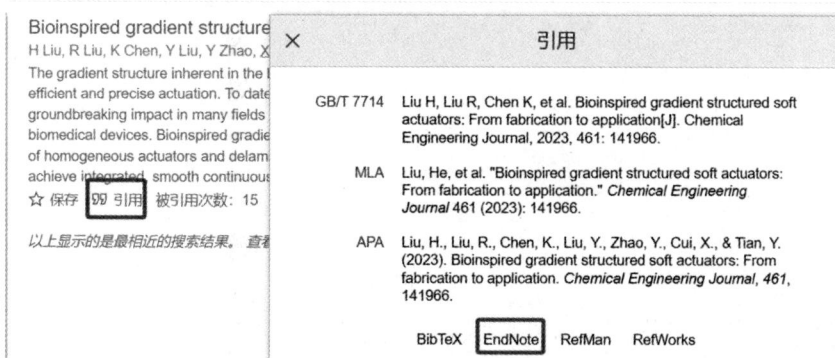

图8-2　将文献导入EndNote

（3）从导入链接直接打开 EndNote 后，选中文献，右击"Add References To"，即可将该文献储存到所需分组内，如图 8-3 所示。

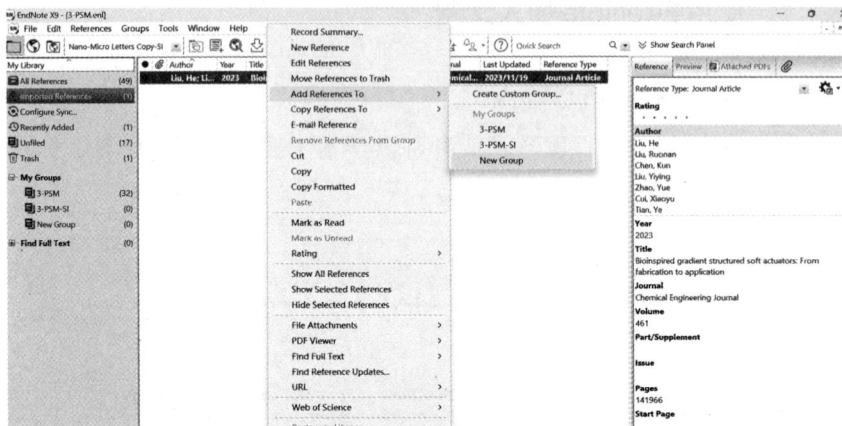

图 8-3　将文献存入分组内

8.1.1.2　使用 PDF 直接导入（适用于将 PDF 格式文献下载到电脑中的情况）

（1）依次点击"File""Import""File"，导入 PDF 文件或含 PDF 文件的文件夹，如图 8-4 所示。

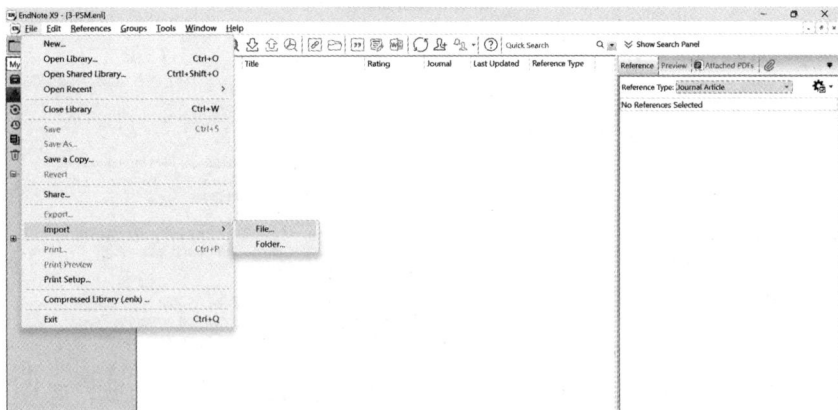

图 8-4　导入 PDF 文件或文件夹

（2）完成（1）操作后会跳出"Import File"窗口，点击"Choose"，选择需要导入的文献；"Import Option"一定要选择"PDF"；"Duplicates"默认为"Import All"即可；"Text Translation"的选择需要注意，用 EndNote 导入时，要根据文件的编码来选择"Text Translation"，如图8-5所示。文件编码的确定方法为：用记事本打开要导入的文件。然后选择"文件""另存为"，看一下弹出的保存文件对话框最下面的"编码"，一般有 Unicode 和 ANSI 两种。如果是 Unicode，EndNote 导入时的"Text Translation"要用 Unicode(UTF-8)；如果是 ANSI，用"No Translation"就可以。

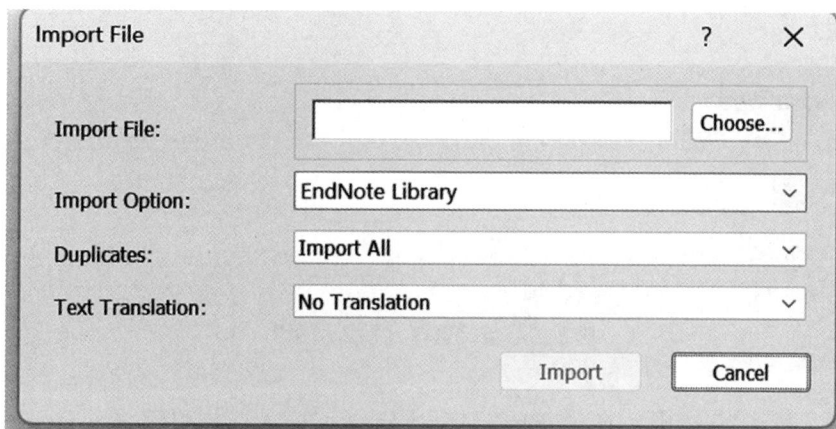

图8-5　根据文件的编码来选择"Text Translation"

（3）注意：采用 PDF 直接导入的方法对于时间久远的文章容易出现乱码，可能出现导入之后只有 Title 没有别的信息，并且 Title 的信息也不正确的情况。遇到这种情况可以手动输入 DOI。输入之后一定要保存（按 Ctrl+S 保存）。选中导入的文献，右击"Find Reference Updates"，会弹出"Review Available Updates"窗口，点击"Update All Fields->"，可以看到右侧的信息已经全部更新。然后点击"Save Updates"，弹出提示框后点击"OK"。更新完成之后就可以看到文献的全部基本信息。

8.1.2　在Word中快速插入文献

首先在Word中定位需要插入文献的位置，然后在EndNote中选中要插入的参考文献。有以下两种方法：

（1）在EndNote上方菜单中直接选择"插入引用（Insert Citation）"，如图8-6所示。

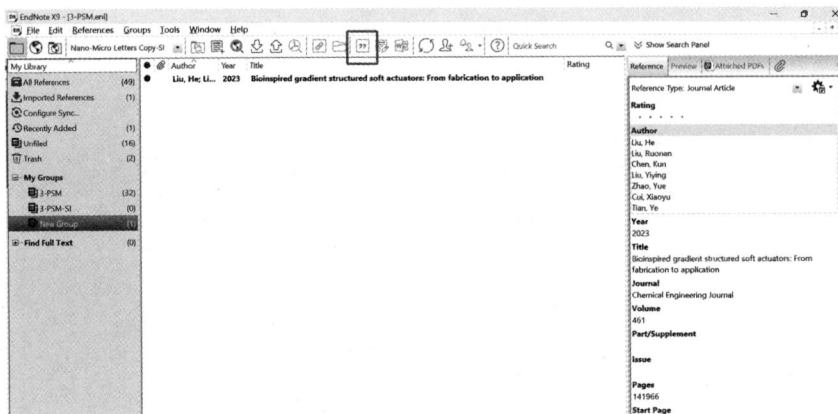

图8-6　直接选择"插入引用"

（2）回到Word中，在EndNote选项卡选择"插入选择引用（Insert Selected Citation）"，如图8-7所示。

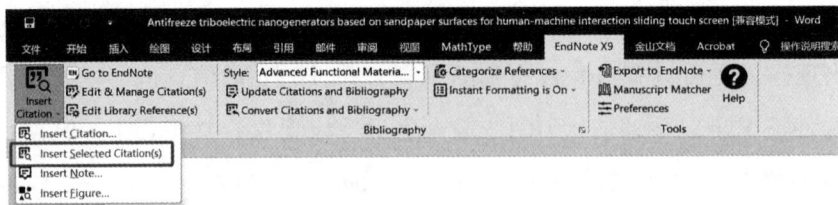

图8-7　选择"插入选择引用（Insert Selected Citation）"

8.1.3　调整参考文献格式

（1）首先，打开 EndNote，在顶部"Edit"里找到"Output Styles"，点击"Output Styles"可以看到"Open Style Manager"及一些常用的参考文献格式，如图 8-8 所示。

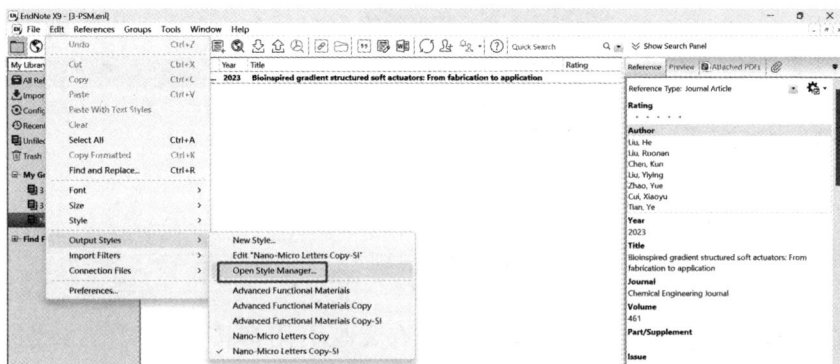

图 8-8　找到"Open Style Manager"

（2）如图 8-9 所示，修改参考文献格式可以在 Word 的"EndNote"选项卡里找到"Style"，单击右侧的下拉箭头，点击"Select Another Style"，找到想要的参考文献格式。如果选完之后没有什么变化，点击"Update Citations and Bibliography"即可。

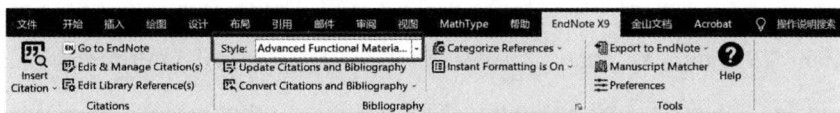

图 8-9　点击"Update Citations and Bibliography"

（3）如果所在 EndNote 里没有想要选择的参考文献格式，那么可以另外安装进去。打开 EndNote 官网（网址：https://www.endnote.com/downloads/styles/），在 Keyword 里输入目标期刊名称，下载检索出的格式，将文件拷到 EndNote 文件夹的"Style"里，如图 8-10 所示。

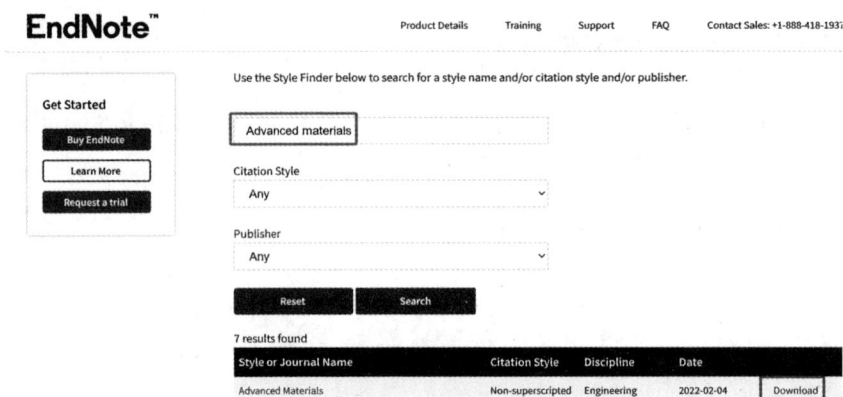

图 8-10　下载参考文献格式

8.1.4　参考文献格式注意事项

（1）SCI论文参考文献格式要求所有文献引用都按照相同的格式进行排版，包括字体、字号、缩进、标点符号等，以 *Chemical Engineering Journal* 参考文献格式为例：

［1］H. Liu, X. Jia, R. Liu, K. Chen, Z. Wang, T. Lyu, X. Cui, Y. Zhao, Y. Tian. Multifunctional gradient hydrogel with ultrafast thermo-responsive actuation and ultrahigh conductivity. J. Mater. Chem. A **10**(41), 21874-21883 (2022). https://doi.org/10.1039/d2ta05770k.

［2］H. Liu, H. Chu, H. Yuan, D. Li, W. Deng, Z. Fu, R. Liu, Y. Liu, Y. Han, Y. Wang, Y. Zhao, X. Cui, Y. Tian. Bioinspired multifunctional self-sensing actuated gradient hydrogel for soft-hard robot remote interaction. Nanomicro Lett. **16**(1), 69 (2024). https://doi.org/10.1007/s40820-023-01287-z.

（2）作者的名字要按照统一的格式书写，对于多位（3位以上）作者的文献多数期刊要求列出前三位作者的姓名，其后加 ", *et al.*"。例如：

［1］H. Liu, X. Jia, R. Liu, *et al.* Multifunctional gradient hydrogel with ultrafast thermo-responsive actuation and ultrahigh conductivity. J. Mater. Chem. A **10**(41), 21874-21883 (2022). https://doi.org/10.1039/d2ta05770k.

〔2〕H. Liu, H. Chu, H. Yuan, *et al*. Bioinspired multifunctional self-sensing actuated gradient hydrogel for soft-hard robot remote interaction. Nanomicro Lett. **16**(1), 69 (2024). https://doi.org/10.1007/s40820-023-01287-z.

（3）作者名字之间的符号要一致，多数期刊在有多位作者的情况下，通常使用逗号来统一分隔作者姓名，具体应根据投稿期刊作者指南统一书写。例如：

〔1〕H. Liu, X. Jia, R. Liu, K. Chen, Z. Wang, T. Lyu, X. Cui, Y. Zhao, Y. Tian. Multifunctional gradient hydrogel with ultrafast thermo-responsive actuation and ultrahigh conductivity. J. Mater. Chem. A **10**(41), 21874-21883 (2022). https://doi.org/10.1039/d2ta05770k.

〔2〕H. Liu, H. Chu, H. Yuan, D. Li, W. Deng, Z. Fu, R. Liu, Y. Liu, Y. Han, Y. Wang, Y. Zhao, X. Cui, Y. Tian. Bioinspired multifunctional self-sensing actuated gradient hydrogel for soft-hard robot remote interaction. Nanomicro Lett. **16**(1), 69 (2024). https://doi.org/10.1007/s40820-023-01287-z.

（4）论文题目的第一个词的首字母大写，或者题目的所有词（介词、连词等除外）的首字母都大写，但一定要统一，不能混搭。例如：

〔1〕H. Liu, X. Jia, R. Liu, K. Chen, Z. Wang, T. Lyu, X. Cui, Y. Zhao, Y. Tian. Multifunctional Gradient Hydrogel with Ultrafast Thermo-responsive Actuation and Ultrahigh Conductivity. J. Mater. Chem. A **10**(41), 21874-21883 (2022). https://doi.org/10.1039/d2ta05770k.

〔2〕H. Liu, H. Chu, H. Yuan, D. Li, W. Deng, Z. Fu, R. Liu, Y. Liu, Y. Han, Y. Wang, Y. Zhao, X. Cui, Y. Tian. Bioinspired multifunctional self-sensing actuated gradient hydrogel for soft-hard robot remote interaction. Nanomicro Lett. **16**(1), 69 (2024). https://doi.org/10.1007/s40820-023-01287-z.

应修改为：

〔1〕H. Liu, X. Jia, R. Liu, K. Chen, Z. Wang, T. Lyu, X. Cui, Y. Zhao, Y. Tian. Multifunctional gradient hydrogel with ultrafast thermo-responsive actuation and ultrahigh conductivity. J. Mater. Chem. A **10**(41), 21874-21883 (2022). https://doi.org/10.1039/d2ta05770k.

〔2〕 H. Liu, H. Chu, H. Yuan, D. Li, W. Deng, Z. Fu, R. Liu, Y. Liu, Y. Han, Y. Wang, Y. Zhao, X. Cui, Y. Tian. Bioinspired multifunctional self-sensing actuated gradient hydrogel for soft-hard robot remote interaction. Nanomicro Lett. **16**(1), 69 (2024). https://doi.org/10.1007/s40820-023-01287-z.

（5）杂志的名字统一写全称或者缩写，不能混搭。缩写时要注意统一在缩写词后面加"."。例如：

〔1〕 H. Liu, X. Jia, R. Liu, K. Chen, Z. Wang, T. Lyu, X. Cui, Y. Zhao, Y. Tian. Multifunctional gradient hydrogel with ultrafast thermo-responsive actuation and ultrahigh conductivity. J. Mater. Chem. A **10**(41), 21874-21883 (2022). https://doi.org/10.1039/d2ta05770k.

〔2〕 H. Liu, H. Chu, H. Yuan, D. Li, W. Deng, Z. Fu, R. Liu, Y. Liu, Y. Han, Y. Wang, Y. Zhao, X. Cui, Y. Tian. Bioinspired multifunctional self-sensing actuated gradient hydrogel for soft-hard robot remote interaction. Nanomicro Letters. **16**(1), 69 (2024). https://doi.org/10.1007/s40820-023-01287-z.

应修改为：

〔1〕 H. Liu, X. Jia, R. Liu, K. Chen, Z. Wang, T. Lyu, X. Cui, Y. Zhao, Y. Tian. Multifunctional gradient hydrogel with ultrafast thermo-responsive actuation and ultrahigh conductivity. J. Mater. Chem. A **10**(41), 21874-21883 (2022). https://doi.org/10.1039/d2ta05770k.

〔2〕 H. Liu, H. Chu, H. Yuan, D. Li, W. Deng, Z. Fu, R. Liu, Y. Liu, Y. Han, Y. Wang, Y. Zhao, X. Cui, Y. Tian. Bioinspired multifunctional self-sensing actuated gradient hydrogel for soft-hard robot remote interaction. Nanomicro Lett. **16**(1), 69 (2024). https://doi.org/10.1007/s40820-023-01287-z.

（6）年份、卷数、期数、页码格式要统一，不要遗忘页码，页码要写全，不要省略，有的文章没有页码，但是有文章号，也不能遗忘。例如：

H. Liu, X. Jia, R. Liu, K. Chen, Z. Wang, T. Lyu, X. Cui, Y. Zhao, Y. Tian. Multifunctional gradient hydrogel with ultrafast thermo-responsive actuation and ultrahigh conductivity. J. Mater. Chem. A **10**(41), 21874-83 (2022). https://doi.org/10.1039/d2ta05770k.

应修改为：

H. Liu, X. Jia, R. Liu, K. Chen, Z. Wang, T. Lyu, X. Cui, Y. Zhao, Y. Tian. Multifunctional gradient hydrogel with ultrafast thermo-responsive actuation and ultrahigh conductivity. J. Mater. Chem. A **10**(41), 21874‑21883 (2022). https://doi.org/10.1039/d2ta05770k.

（7）作者名和题目之间、题目和期刊名之间、期刊名和年份卷数之间的标点符号要依据统一规则。例如：

［1］H. Liu, X. Jia, R. Liu, K. Chen, Z. Wang, T. Lyu, X. Cui, Y. Zhao, Y. Tian. Multifunctional gradient hydrogel with ultrafast thermo‑responsive actuation and ultrahigh conductivity. J. Mater. Chem. A **10**(41), 21874‑21883 (2022). https://doi.org/10.1039/d2ta05770k.

［2］H. Liu, H. Chu, H. Yuan, D. Li, W. Deng, Z. Fu, R. Liu, Y. Liu, Y. Han, Y. Wang, Y. Zhao, X. Cui, Y. Tian. Bioinspired multifunctional self-sensing actuated gradient hydrogel for soft-hard robot remote interaction. Nanomicro Lett. **16**(1), 69 (2024). https://doi.org/10.1007/s40820-023-01287-z.

（8）文献题目里出现的特殊字符，比如上角标、下角标、斜线等，一定要正确书写。例如：

J. Cao, Z. Zhou, Q. Song, K. Chen, G. Su, T. Zhou, Z. Zheng, C. Lu, X. Zhang. Ultrarobust Ti3C2Tx mxene‑based soft actuators via bamboo-inspired mesoscale assembly of hybrid nanostructures. ACS Nano. **14**(6), 7055-7065 (2020). https://doi.org/10.1021/acsnano.0c01779.

应修改为：

J. Cao, Z. Zhou, Q. Song, K. Chen, G. Su, T. Zhou, Z. Zheng, C. Lu, X. Zhang. Ultrarobust $Ti_3C_2T_x$ mxene-based soft actuators via bamboo-inspired mesoscale assembly of hybrid nanostructures. ACS Nano. **14**(6), 7055-7065 (2020). https://doi.org/10.1021/acsnano.0c01779.

（9）参考文献要两端对齐，一般用Times New Roman字体。例如：

［1］H. Liu, X. Jia, R. Liu, K. Chen, Z. Wang, T. Lyu, X. Cui, Y. Zhao, Y. Tian. Multifunctional gradient hydrogel with ultrafast thermo-responsive actuation and ultrahigh conductivity. J. Mater. Chem. A 10(41), 21874-21883 (2022). https://doi.org/10.1039/d2ta05770k.

［2］H. Liu, H. Chu, H. Yuan, D. Li, W. Deng, Z. Fu, R. Liu, Y. Liu, Y. Han, Y. Wang, Y. Zhao, X. Cui, Y. Tian. Bioinspired multifunctional self-sensing actuated gradient hydrogel for soft-hard robot remote interaction. Nanomicro Lett. 16(1), 69 (2024). https://doi.org/10.1007/s40820-023-01287-z.

8.2 致谢

每个期刊的致谢部分的格式可能有所不同。具体的致谢语句可能因文章的特定背景和作者的个人偏好而有所变化。撰写论文时，建议参考目标期刊的投稿指南，以确保符合其特定的致谢格式要求。以下是常见的致谢部分的格式：

（1）The authors would like to express their gratitude to［individuals or organizations］for their valuable contributions and support in the completion of this research/project.

（2）The authors would like to thank［individuals or organizations］for their assistance and support in conducting this research and preparing the manuscript.

（3）The authors would like to acknowledge the contributions of［individuals or organizations］in the successful completion of this study. Their support and guidance were invaluable.

8.3 利益冲突声明

撰写论文时，建议参考目标期刊的投稿指南，以确保准确地揭示任何潜在的利益冲突，并按照其要求提供相应的声明。其中，部分期刊还需要提交声明文件。例如：

①Springer

The authors declare no competing interests.

②Elsevier

The authors declare no conflicts of interest.

③Wiley

The authors have no conflicts of interest to disclose.

8.4 补充材料

补充材料是指与主要论文内容相关但无法完全包含在正文中的额外信息。补充材料可以提供更详尽的数据、图表、视频等信息，以便读者更全面地了解研究结果。这些额外的数据和实验方法能够支持、验证和重现主要论文的发现，同时避免正文篇幅过长。SCI期刊对论文长度有限制，为了保持正文的紧凑性，一些详细的信息可能无法全部放置在正文中。补充材料则提供了一个合适的位置，使作者能够在满足论文要求的同时，提供更多的详细信息，从而增加论文的可靠性和透明度。补充材料可以提供一些额外的实验结果、统计数据、分析方法等，有助于增加论文的可靠性和透明度。这可以帮助其他研究人员评估和复现研究结果，从而提高研究的可信度，还可以保留数据和方法的完整性。补充材料可以作为存档的一部分，确保数据和方法的完整性。这对科学研究的可持续性和可追溯性非常重要，其他研究人员可以在需要时参考补充材料，以了解更多关于研究的细节。总的来说，补充材料在SCI论文中具有重要的补充信息的作用，有助于提供更全面、详细和可靠的研究结果，同时保持正文的简洁性。补充材料为读者提供了进一步探索研究细节的机会，并促进了科学交流和进一步研究的开展。

8.4.1　补充材料内容举例

（1）数据集或原始数据文件。如果论文中使用了大量的实验数据，可以将这些数据整理成表格形式，并作为补充材料提供。例如，一个名为"Supplementary Data 1"的Excel文件中包含论文中使用的数据集。

（2）额外的图表。除了主要的图表之外，一些额外的图表可能会进一步支持论文的观点。这些可以作为补充材料提供。例如，一个名为"Supplementary Figure 1"的PDF文件中包含与论文相关的额外图表。

（3）附加实验结果。某些实验结果，特别是与主要结论相关的补充实验结果，可以作为补充材料提供。例如，一个名为"Supplementary Experiment 1"的Word文档，其中包含进一步的实验结果和分析。

（4）模型代码或算法描述。如果论文中采用了特定的模型代码或算法进行分析，相关的代码或算法描述可以作为补充材料提供。例如，一个名为"Supplementary Code 1"的文本文件中包含用于论文研究的算法描述或代码片段。

（5）补充性讨论或解释。对于某些复杂的讨论或解释，可以将这些内容整理成文本形式，并作为补充材料提供。例如，一个名为"Supplementary Discussion 1"的文档中包含对论文中某些观点更深入的讨论。

8.4.2　补充材料注意事项

（1）明确内容与目的。确定哪些信息应被纳入补充材料，例如额外数据、详细方法、辅助图表等。确保这些内容对于理解和支持主要论文是必要的。

（2）合理组织。对补充材料进行适当的组织，使读者能够轻松地找到他们需要的信息。可以分成不同的部分，如 Additional Data, Supplementary Methods, Supporting Figures 等。

（3）清晰标识。在正文中提及补充材料时，需清晰地标识其位置，并提供必要的上下文解释。例如，"详细数据见补充材料 Table S1"。

（4）格式与风格。补充材料应符合期刊的格式要求，包括字数、图表格式、参考文献引用格式等。确保文体简洁清晰，便于阅读和理解。

（5）数据完整性。在提供额外数据时，确保数据的完整性和准确性。数据应该清晰、可解释，并配有适当的统计分析或描述性分析。

（6）方法细节。如果提供额外的实验方法或技术细节，应确保描述清晰详细，以便其他研究人员能够复现实验并获得相似的结果。

（7）适度使用。避免将所有内容都放入补充材料，只有那些对于理解和支持主要论文至关重要的信息才应放入其中。

（8）与主要论文一致性。补充材料应与主要论文保持一致，包括术语使用、数据解释等方面。

（9）审稿人意见。在撰写补充材料时，可考虑审稿人之前提出的意见和建议，确保补充材料能够回应相关问题。

8.5　本章小结

在撰写SCI论文时，正确编写参考文献、致谢、利益冲突声明和补充材料至关重要。SCI论文的参考文献需要按照投稿期刊要求书写，包括作者姓名、文章标题、期刊名称、卷号、期号、页码和DOI等信息。致谢部分用于感谢对研究工作有贡献的个人、机构或组织，需要确保获得被感谢者的许可后再在论文中提及他们。利益冲突声明要明确说明是否存在利益冲突，如有利益冲突，要如实申报涉及的利益情况。至于补充材料，应确保与论文主体密切相关，以便帮助读者更好地理解研究内容和结果，同时补充材料应符合期刊的文件格式要求和命名规范。总之，正确编写SCI论文的参考文献、致谢、利益冲突声明和补充材料是确保论文准确性和完整性的重要步骤。遵循期刊要求和学术规范可以使这些部分更加规范、清晰和易于理解。

参考文献

［1］ 张俊东,杨亲正,国防. SCI论文写作和发表:You Can Do It［M］. 2版.北

京：化学工业出版社，2016.

［2］金坤林.如何撰写和发表SCI期刊论文［M］.北京：科学出版社，2008.

［3］李达，李玉成，李春艳. SCI论文写作解析：EndNote/RefViz/SPSS/Origin/Illustrator综合教程［M］.北京：清华大学出版社，2012.

第9章　投稿过程示例

本章将深入研究学术投稿的多个方面，包括选择目标期刊的方法、遵循期刊指南的重要性、具体投稿过程，以及返修与出版的注意事项。投稿是学术界分享研究成果的主要方式之一，因此，本章将为读者提供清晰的投稿步骤和实用的建议，以助力读者在学术领域中取得更大的成就。本章将详细探究不同类型期刊（包括研究论文、综述文章、通信或短篇论文、评论或观点论文等）的特性。每一种期刊类型都有其独特的写作风格和要求，我们将为读者揭示如何在不同的学术背景中脱颖而出。通过本章的学习，读者将掌握学术投稿的关键技能。我们期待读者通过本书的指导，能够在学术写作和投稿的过程中取得更多的成功。

9.1　如何选刊

9.1.1　了解期刊的领域和范围

每本期刊都有自己特定的领域和范围。查看期刊的官方网站，找到期刊的"Aims and Scope"，以确定期刊的收稿和范围是否与研究工作相关。

9.1.2　搜索期刊数据库

（1）使用学术数据库（如 PubMed、Web of Science、Scopus、LetPub、爱科学等）或期刊引文报告（journal citation reports）来查找期刊的影响因子和相关指标。这些数据库提供了有关期刊的重要信息，如影响因子、被引频次、审稿时间等，论文作者可以从这些数据库中挑选合适的期刊。

（2）阅读已经在期刊上发表的类似主题的文章，从而了解相关期刊的收稿偏好，这将帮助判断期刊是否适合当前研究工作。

（3）考虑期刊的声誉。一些期刊因声誉而备受推崇，因此在这些期刊上发表文章可能会产生更大的影响。

（4）考虑审稿周期和政策。不同期刊的审稿周期和政策可能有所不同。某些期刊可能审稿速度较快，而有些期刊可能需要更长的审稿时间。了解这些信息对出版计划很重要。在目标期刊收录的论文中，多数论文会在首页下方或左上方详细注明稿件的投稿日期（Received Date）、修改日期（Revised Date）以及最终被接收的日期（Accepted Date）。当一本期刊内的文章从投稿到最终被接收经历数月甚至更长的时间周期（一些特刊除外）时，这可能表明该期刊的审稿过程相对较长，需要慎重考虑。

（5）考虑开放获取选项。有些期刊提供开放获取（Open Access）选项，这意味所有人可免费访问文章。如果关注文章的可访问性和影响，还可以考虑选择开放获取期刊。但是，开放获取意味着论文作者需要支付高昂的版面费，这一点作者需要慎重考虑。

（6）使用引文数据库（如 Google Scholar）来查看特定期刊的文章被引用的频率。这可以提供期刊在学术界的影响程度的线索。

总而言之，选择期刊时，要充分了解期刊的领域和范围，以确保其与研究工作相关。通过学术数据库和期刊引文报告，获取有关期刊的重要信息（如影响因子、被引频次和审稿时间）。阅读已发表的类似主题的文章有助于评估期刊的质量和研究方向。此外，考虑期刊的声誉、编辑委员会和审稿流程也很重要。综合考虑这些因素，有助于选定最适合的期刊，提高研究的可见性和影响力。

9.2 期刊要求

9.2.1 期刊类型

撰写学术论文时，首先需要确定目标期刊的类型。学术期刊分为不同的类型，每种类型都有其特点和要求。以下是几种常见的学术期刊类型的详细介绍。

（1）研究论文。

研究论文是学术期刊中最常见的类型之一。这类论文通常通过新颖的研究内容、独特的方法和实证结果为学术领域作贡献。作者需要详细介绍研究的背景、目的、实验设计、数据分析和结果，以及对现有文献的讨论。字数通常为3000~6000字，具体要求因期刊而异。

（2）综述文章。

综述文章是汇总和分析特定主题或领域的现有文献。这种类型的论文旨在帮助读者全面了解研究领域，并指导未来研究方向。作者需要对文献进行深入审查，提炼关键观点，并提供自己的综合分析。综述文章通常篇幅较长，一般要求字数在5000字以上。

（3）通信或短篇论文。

通信或短篇论文篇幅较短，侧重于传达一项重要发现或新观点，通常在更紧凑的格式中呈现。这种类型的论文通常字数较少，可能在2000字以内。作者需要清晰而迅速地传达研究的核心信息。

（4）评论或观点论文。

评论或观点论文通常表达作者对某一问题或领域的个人看法。作者可以提出新的理论观点、讨论当前热点问题，或对现有观点进行深入的批判性分析。这类论文的长度要求因期刊而异，但通常为2000~5000字。

（5）方法论文。

方法论文重点介绍新的研究方法或实验技术。作者需要详细描述方法的设计、实施步骤和可能的应用领域。这类论文对于推动研究方法学的发展具有重要意义。字数一般为3000~6000字。

不同期刊对不同类型的论文的要求可能有所不同，因此在撰写论文时，应详细阅读目标期刊的投稿指南，以了解不同期刊对每一种论文的具体规定。

9.2.2　其他要求

作者在投稿前，务必认真阅读目标期刊的作者指南（For Authors）。这是为了深入了解期刊的编辑标准、处理流程、手稿格式化要求及其他相关信息。通过仔细研读作者指南，作者能够确保他们的投稿符合期刊的规范，从而提高被接受的机会。此举有助于确保投稿过程顺利进行，避免因不符合期刊规范而导致不必要的延误或拒稿。

（1）编辑标准。

此部分会详细说明期刊对学术研究的要求，包括原创性、创新性、方法学的透明度等方面。同时会强调研究必须符合道德标准，包括人体试验的伦理审查、知情同意等。

（2）处理流程。

此部分会说明如何提交论文，包括在线投稿系统、电子邮件或其他渠道。描述审稿流程，可能包括初审、同行评审等。

（3）手稿格式化要求。

此部分会指导作者如何组织论文，包括摘要、引言、方法、结果、讨论和参考文献等部分，规定文章的最大或最小字数限制，指明正文、标题、图表等的字体和字号规范，描述插图、表格的格式和规范。

（4）其他相关信息。

包括关于开放获取、版税、版权等政策的详细说明，以及关于作者贡献、潜在利益冲突等方面的声明。提供关于引用和参考文献格式的具体要求。如果期刊为英语期刊，可能有关于语言要求的规定。

9.3 如何投稿

投稿前需浏览目标期刊的网站提前了解情况。

9.3.1 注册账号

访问目标期刊官方网站的投稿系统，并选择"Create An Account"以进入账户创建界面。按照系统的引导，按序完成相关步骤（见图9-1至图9-3）。在这一步中作者要完成必要的认证和身份验证以保证后续投稿流程顺利进行。

图 9-1　找到"Log in"按钮

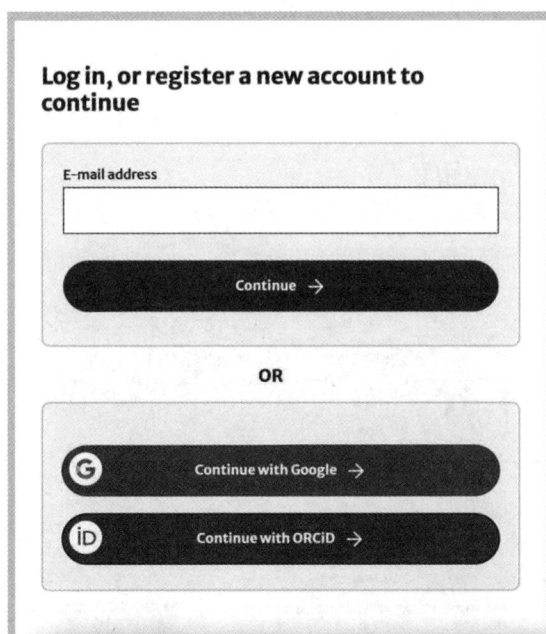

图 9-2　填写 E-mail 地址

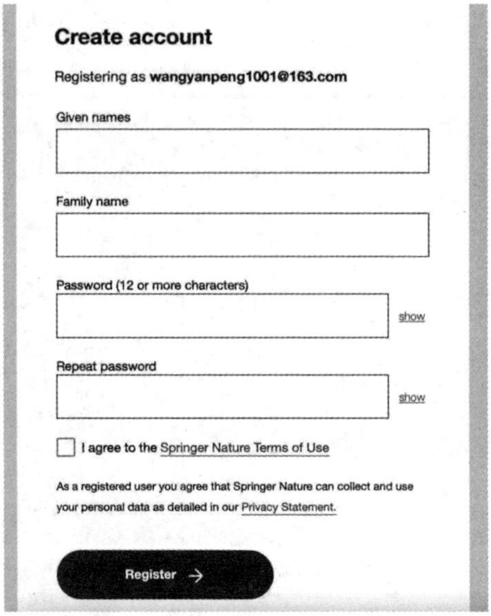

图9-3　创建账户

9.3.2　按照投稿指南进行上传

访问期刊的官方网站后，仔细查找"For Authors"（致作者）的标识。有些期刊可能将其称为"Submission Guidelines"（投稿指南）。根据以下示例所示的方式，点击该标识进入相关页面（见图9-4和图9-5）。

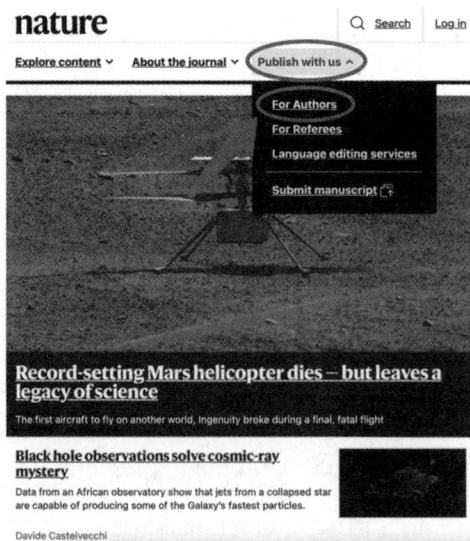

图9-4　找到"For Authors"标识

For Authors

- Editorial criteria and processes
- Formatting guide
- Presubmission enquiries
- Initial submission
- Final submission
- Supplementary information
- Forms and declarations
- Matters Arising
- Other types of submissions
- Publishing options
- Registered Reports

For Authors

The sections below provide essential information for authors and we recommend that you take the time to read them before submitting a contribution to *Nature*. These instructions refer to Articles, Reviews and Perspectives. Separate guidelines are available for Matters Arising and for other types of submission.

Editorial criteria and processes

Please read this section before submitting anything to *Nature*. This section explains *Nature*'s editorial criteria, and how manuscripts are handled by our editors between submission and acceptance for publication.

Formatting guide

This section provides a description of all types of contribution published in *Nature*, and detailed instructions for preparing, formatting and writing all types of manuscripts published by *Nature*.

Presubmission enquiries

Presubmission enquiries are provided purely as a service to authors to see if a manuscript is likely to be of interest

Initial submission

Please read this section before proceeding with a submission to *Nature*. Here you can find information on how to prepare and submit your manuscript and any Supplementary Information.

Final submission

This section contains information about how to prepare a final resubmission for publication in *Nature*.

Supplementary information

Supplementary Information (SI) is peer-reviewed material directly relevant to the conclusion of a paper that cannot be included in the printed version for reasons of space or medium. This section includes information on SI categories and acceptable file formats, size constraints for individual files and how SI should be presented.

Forms and declarations

On this page are the forms to download and complete before publication. These include 'licence to publish' forms, manuscript checklists, structure templates and links to reprint order forms.

图9-5 "For Authors"界面

135

（1）深入研读投稿指南，确保全面了解期刊的详尽要求，并按照其规定准备相关的投稿材料。

（2）投稿常见的附件材料。

①Manuscript（论文手稿）。即完整的论文稿件。

②Cover Letter（投稿信）。即用于向期刊编辑介绍拟投稿的论文。其主要涵盖以下三个要点（尽管通常仅包括这三个方面，但若期刊对介绍信有额外要求，例如，审稿人审阅状态或伦理规范符合情况等，则应适当添加相应描述）：

第一，对拟投稿的主题进行简要介绍，概述主要研究发现及其重要意义。

第二，明确所有作者已充分了解并同意将论文提交至该期刊，同时保证未将同一稿件提交给其他期刊，以确保遵守学术诚信准则。

第三，提供通信作者的详细联系信息，包括电话、电子邮箱及地址等，以便编辑部在需要时能够便捷地与通信作者取得联系，如图9-6所示。

示例：

××××× University

（具体所属单位及单位地址）

Tel: 通信作者电话号码
_____

通信作者姓名身份
_____

Editor
Journal name

Dear Editor:

Uploaded please find the manuscript, entitled "**Your paper name**", for your ki
suitability for publication in *Journal name*. No conflict of interest exits in t
manuscript. I would also like to declare on behalf of my co-authors that the work
research that has not been published previously, and not under consideration for
in whole or in part. All the authors listed have approved the manuscript.

In this work, **introduce your work, including advantages, significance....** The
should appeal immediately to the broad readership of *Journal name*.

Thank you very much in advance for your consideration of this manuscript. All
should be addressed to:

    Dr. 通信作者姓名
    通信作者职称
    所属单位
    单位地址
    E-mail: 通信作者邮箱
    Phone: 通信作者电话号码

Sincerely yours,

Dr. 通信作者姓名
通信作者职称

图9-6 Cover Letter示例

③Highlights（亮点）。即作者从论文中提炼的核心要点，主要归纳了论文的主要成果或结论，旨在为读者和审稿专家提供一种迅速了解论文内容的途径。这些亮点主要汲取自整篇文章，特别是结论和讨论部分，要求以高度概括的方式呈现，凸显独特的亮点和关键内容，这对于提高论文的引用率具有重要意义。通常亮点涵盖3~5个要点，每个要点的字符（包括空格、单词和标点符号）数在85个以内。

④Graphical Abstract（图文摘要）。图文摘要是一种将论文内容以可视化方式呈现的形式，通过文字和图片更直观地展示文章，从而协助读者高效地了解论文的核心内容。图文摘要的目标在于激发浏览兴趣，帮助读者快速识别与其研究兴趣最相关的论文。通过文字和图像相结合的方式，图文摘要提供了一种更富有吸引力和信息密度的交流方式，使读者能够迅速获取论文的要点，进而决定是否深入阅读。

⑤Checklist（核对清单）。为验证投稿件是否符合投稿指南的基本要求，应下载并使用核对清单原件。根据稿件形式、作者信息、标题及整体字数等要素，逐一核对并填写核对清单，以确认所需附件是否按照规定上传。这一流程有助于确保投稿的准确性和完整性，同时使作者能够遵守期刊的规范，提高投稿成功的概率。通过使用核对清单，作者能够系统性地检视投稿件，确保其满足期刊对格式和内容的明确要求。

⑥Reviewer Suggestions（推荐审稿人）。通常在投稿程序要求直接填写相关信息，但在某些情况下，可能需要将"Reviewer Suggestions"以附件形式上传。此附件内容包括审稿人的姓名、单位、国籍、邮箱等个人信息，并简要描述这些审稿人在相关领域的权威性。同时，需要明确指出这些审稿人与作者之间不存在利益冲突，并表明他们已表示愿意担任审稿人。通过提供这些信息，作者能够向编辑部推荐合适的审稿人，并确保审稿过程的公正性和专业性。

⑦Declaration and Terms（声明及条款）。一些期刊要求在论文附件前提供声明和条款，其中包括：

• Declaration of Interest Statement（利益冲突声明）。作者需要清楚声明与该研究相关的任何潜在或实际利益冲突，以确保研究的透明度和可信度。

• Ethical Approval（伦理审查）。提供相关伦理审查的批准证明，确保研究符合伦理规范和法规。

• Data Sharing Agreement/Availability of Data and Materials（数据分享）。提供关于数据共享协议或数据和材料的可获得性的详细信息，以促进研究结果的透明度和可重复性。

• Consent for Publication（出版协议）。附上相关授权文件，确保研究中使用的任何个人信息或敏感数据的出版得到了相应的许可。

• Funding（基金）。提供项目资助或支持的详细信息，以确保研究的透明度，并防止潜在的利益冲突。

• Acknowledgement（致谢）。包含对研究中得到的所有支持或协助的致谢，以感谢提供支持的个人或机构。

这些声明和条款的附加是为了确保研究的完整性、透明度和道德合规性，符合学术期刊的要求。作者需要仔细阅读期刊的投稿指南，并按照要求提供相应的附加文件。

（3）投稿系统示例（以 *Nature* 期刊投稿系统截图为例，如图9–7至图9–15所示）。

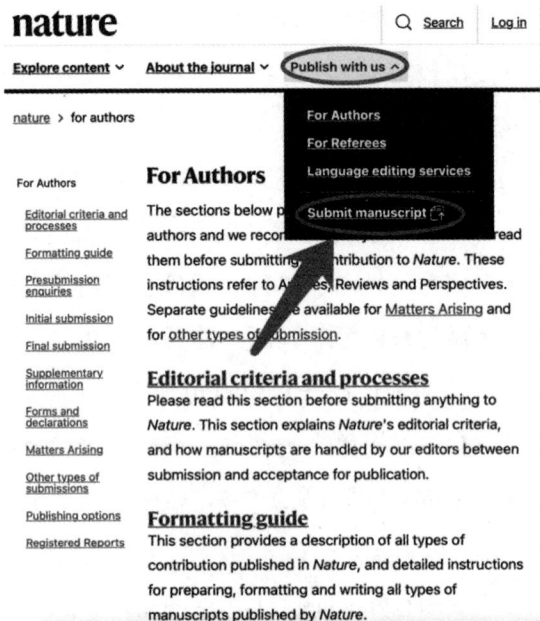

图9-7　在官网找到"Submit manuscript"标识

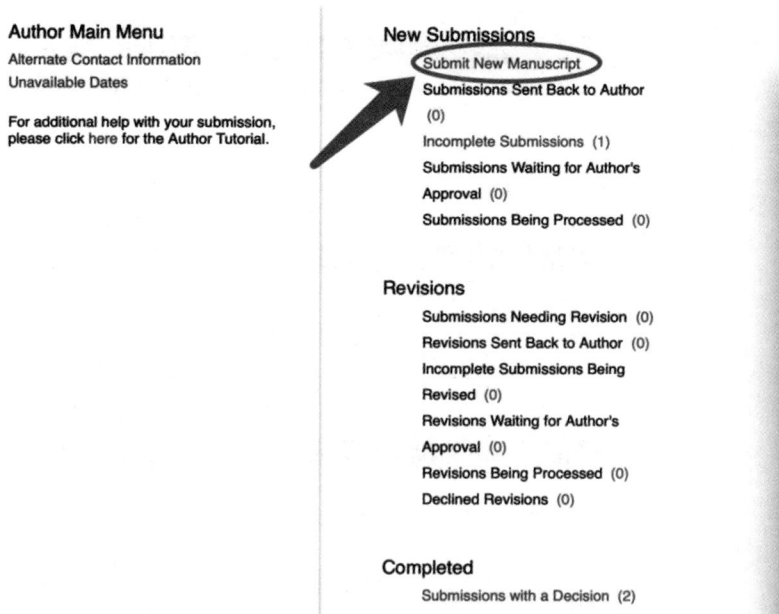

图9-8 登录系统后点击"Submit New Manuscript"

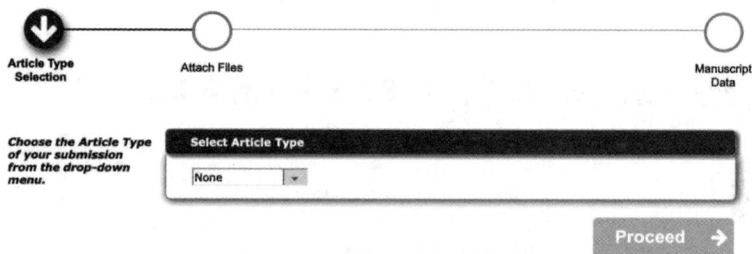

图9-9 选择文章类型

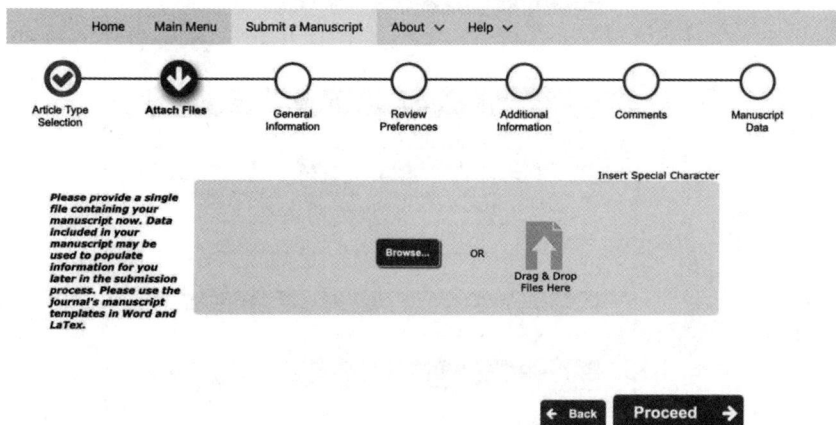

图9-10 上传所有投稿文件

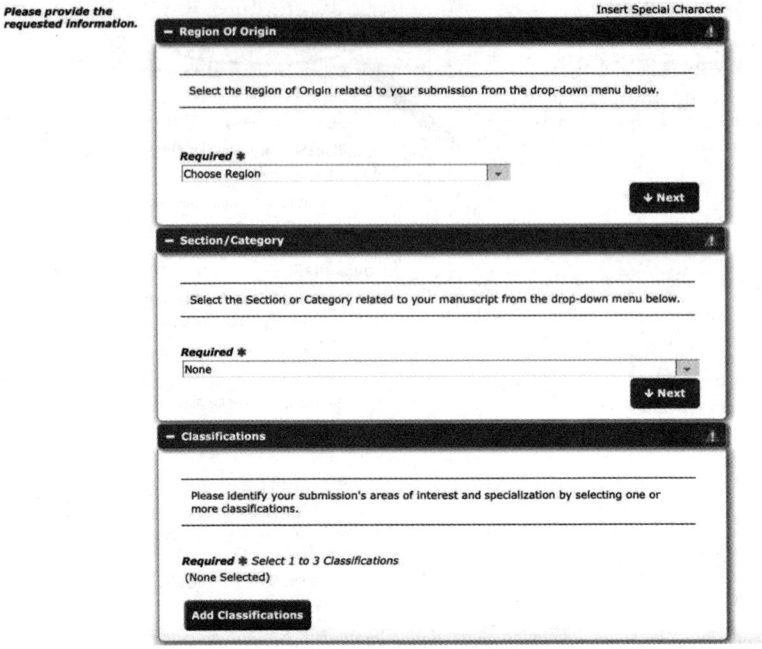

图9-11　选择适合的通用信息选项

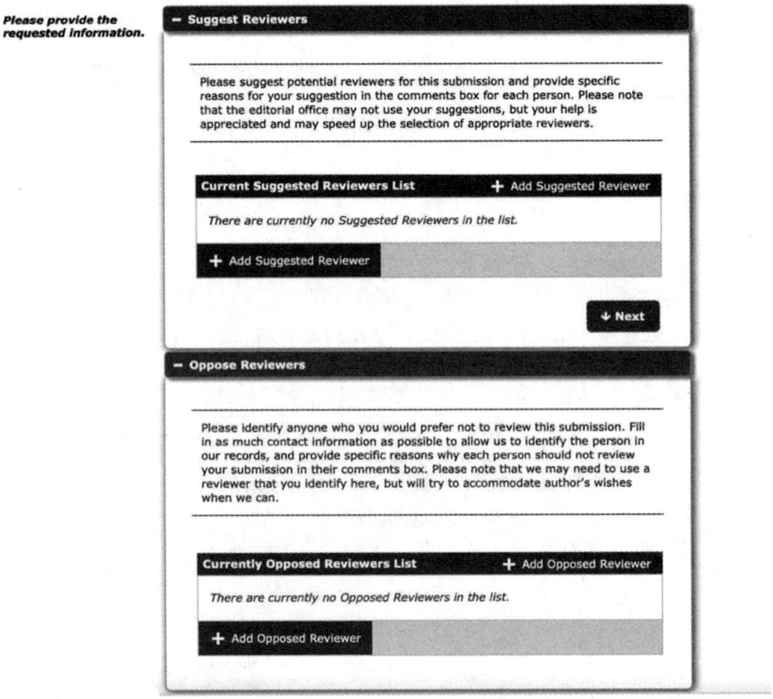

图9-12　填写推荐的审稿人和回避的审稿人

Insert Special Character

Please respond to the presented questions/statements.

Questionnaire

Authorship
As corresponding author, I confirm that all authors have:

• Seen and approved the submitted manuscript and all related materials.
• Agreed to be listed as an author and agreed to the submitted order of authorship.

(We will verify this requirement with all co-authors upon submission. Non-compliance may lead to rejection.)

Answer
Required:
☐ Yes

Please select no fewer than 1 value(s).

Images
For all images requiring permission to publish, the corresponding author must fill out the Image Permission form available here for each image, acknowledging their authority to grant BITP perpetual and irrevocable non-exclusive rights to use and authorize others to use the photo/illustration/image/figure. Uploaded, completed forms are required for all submissions prior to acceptance. Your paper will not be able to pass the revision stage without this publication forms submitted.

Funding and conflict of interest
All authors listed on the paper must fill out *Cyborg and Bionic Systems'* Authorship and COI form located here in order to disclose all affiliations, funding sources, and financial or management relationships related to this paper, including those that could be perceived as potential sources of bias, as defined by *Cyborg and Bionic Systems'* conflict of interest policy located here. Uploaded, completed forms from all authors are required for all submissions prior to acceptance. Your paper will not be able to pass the revision stage without these publication forms submitted.

Publication of accepted version
If your article is accepted by *Cyborg and Bionic Systems*, a pre-production version of the paper will be published online as an Article In Press while the paper undergoes production. If your research is under an embargo that would be violated by such publication practices, you must let the editorial office know upon acceptance.

Answer
Required:
⦿ Please select a response

◯ I agree to all of the editorial policies. - **In order to proceed with your submission, all authors must comply with *Cyborg and Bionic Systems'* editorial policies. If you cannot comply with one or more of the above statements, please contact the editorial office – editorialoffice@cbsystems.org.cn**

Please select a response.

Insert Special Character

— Enter Comments

Please enter any additional comments you would like to send to the publication office. These comments will not appear directly in your submission.

← Back   Proceed →

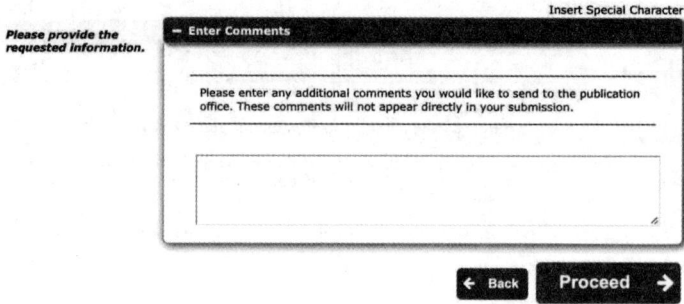

图9-13　填写调查问卷和评述

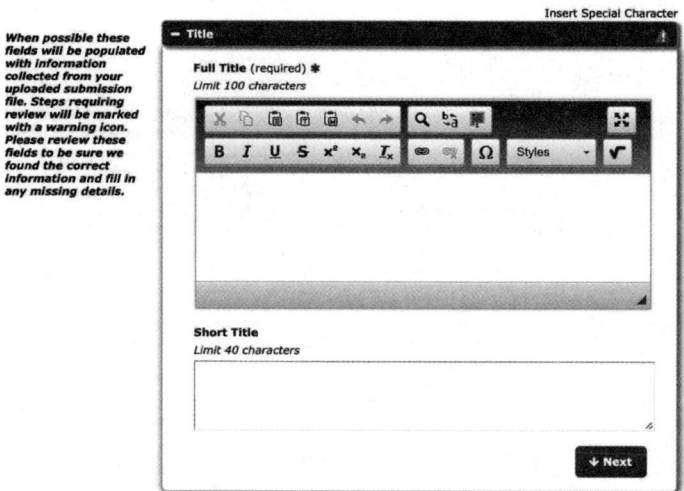

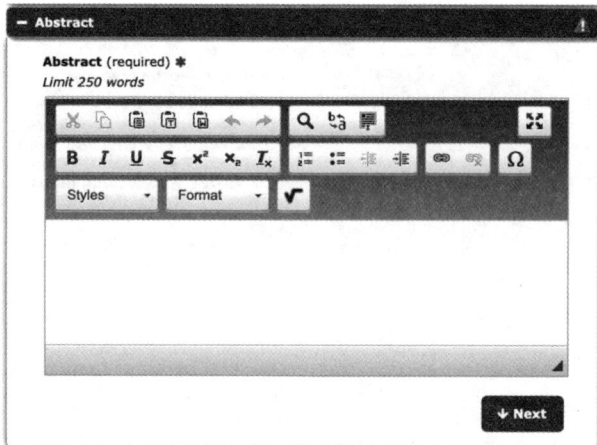

Insert Special Character

— Title

Full Title (required) ✱
Limit 100 characters

B *I* U S x² x₂ I_x   Ω   Styles

Short Title
Limit 40 characters

↓ Next

— Abstract

Abstract (required) ✱
Limit 250 words

B *I* U S x² x₂ I_x   Ω

Styles   Format

↓ Next

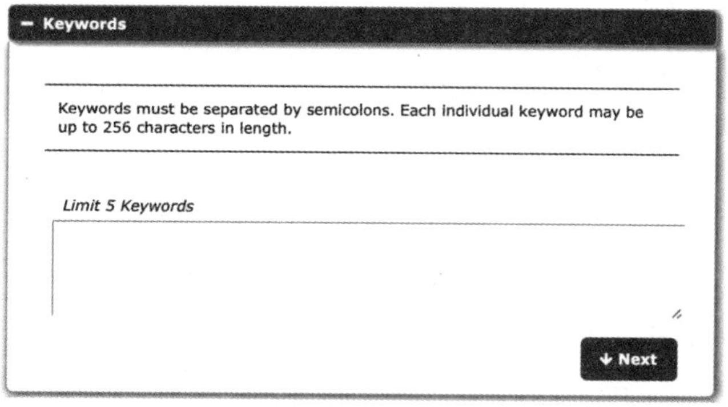

— Keywords

Keywords must be separated by semicolons. Each individual keyword may be up to 256 characters in length.

Limit 5 Keywords

↓ Next

图9-14 填写文章的标题、摘要和关键词

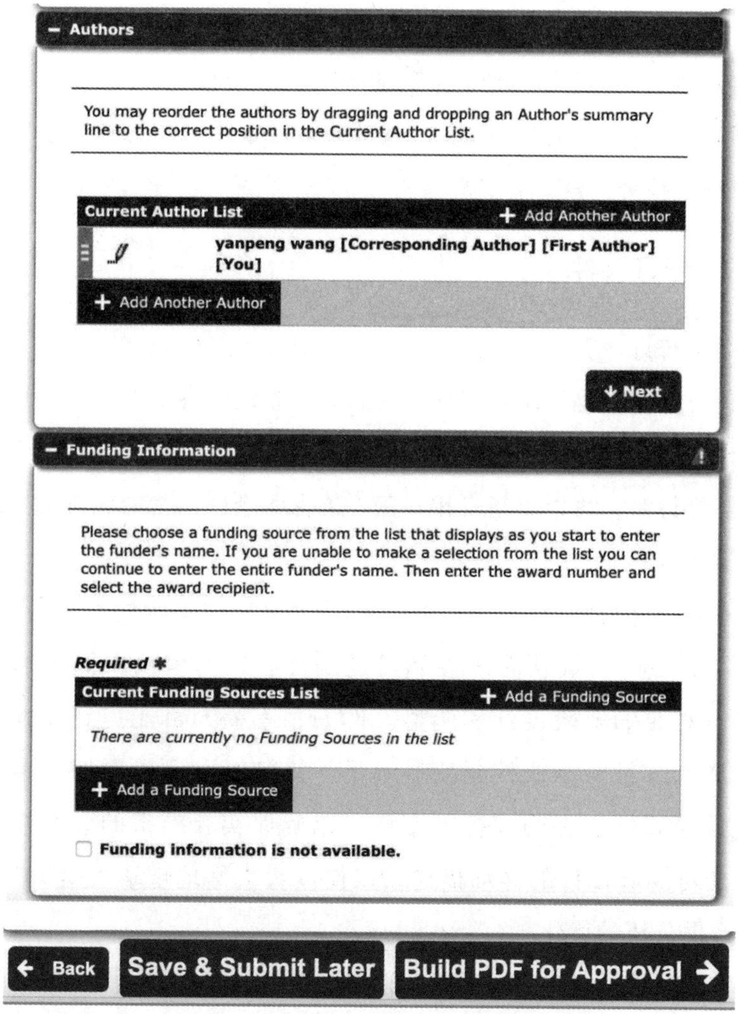

— Authors

You may reorder the authors by dragging and dropping an Author's summary line to the correct position in the Current Author List.

Current Author List   + Add Another Author

    ✍   **yanpeng wang [Corresponding Author] [First Author] [You]**

+ Add Another Author

↓ Next

— Funding Information   ⚠

Please choose a funding source from the list that displays as you start to enter the funder's name. If you are unable to make a selection from the list you can continue to enter the entire funder's name. Then enter the award number and select the award recipient.

Required ✱

Current Funding Sources List   + Add a Funding Source

There are currently no Funding Sources in the list

+ Add a Funding Source

☐ **Funding information is not available.**

← Back   **Save & Submit Later**   **Build PDF for Approval** →

图9-15 填写作者信息和基金信息

143

9.4 返修

在投稿中，返修是一个常见的过程，而有效地回应审稿意见和建议对于成功发表论文至关重要。本节将引导作者从理解审稿意见开始，逐步进行修订，最终提供明确的改进措施，并对审稿人的建议作出回应。

9.4.1 理解审稿意见和建议

收到审稿意见后，首先应花时间仔细阅读每一项建议，理解审稿人对论文的评价，包括强调的问题、建议的改进方向及对研究的整体认知。将审稿人的建议进行归类，例如，结构性建议、实验设计建议、数据分析建议等。这有助于系统性地应对不同方面的问题。

9.4.2 修订稿件

（1）结构修订。

检查论文结构，确保逻辑流畅、清晰。调整段落和章节，使之更符合论文主题的发展。例如，原文结构可能存在逻辑不清晰的问题，导致读者难以理解论文主旨。修订时，可以重新安排段落，确保每个段落都有明确的主题，并且段落之间过渡自然。

（2）实验设计与修订。

审视实验设计，确保合理性和可复制性。针对审稿人提出的实验相关建议，进行必要的实验设计和调整。例如，审稿人可能提到实验设计存在缺陷，如样本容量太小或控制变量不足。修订时，可以增加样本量以提高实验的统计显著性，并明确控制变量，以确保实验结果的可靠性。如果有必要，添加对实验设计的详细描述，以使读者更好地理解实验的执行过程。

（3）数据分析的优化。

重新审视数据分析方法，确保方法的正确性和统计学的合理性。补充或修改数据分析的结果，以提高其科学价值。例如，审稿人可能指出数据分析方法不够详细或存在错误。修订时，可以重新审视数据分析方法，确保使用了适当的统计工具，并提供了清晰的步骤和参数设置。对于有问题的数据集，可以重新分析或剔除异常值，以确保数据的准确性。此外，通过合适的图表或统计指标来呈现数据分析结果，使其更易理解。

（4）重新撰写和润色。

对于需要大幅修改的部分，全文或局部重新进行撰写。使用清晰、简练的语言表达思想。仔细校对语法、拼写和格式，确保文稿质量。

①清晰表达观点。修订稿件的一个关键目标是确保观点清晰表达。简练的句子和有逻辑的段落结构，能够让读者更容易理解文章意思。修订时，要关注是否有混淆或不清晰的地方，并进行相应的调整，以确保读者能够轻松理解文章的主旨。

②语法和拼写检查。修订也包括对文章进行语法和拼写检查。这是确保文章看起来专业并避免误解的关键一步。使用拼写和语法检查工具是个好主意，但也要注意工具可能无法捕捉到的一些细微错误，因此最好亲自审阅文章。

③段落和句子结构调整。要确保文章有良好的段落和句子结构。每个段落应该有一个清晰的主题，句子之间的过渡应该流畅自然。修订时，可以考虑重组一些句子或调整段落的顺序，以提高文章的连贯性。

④避免冗长和模糊。冗长的句子和模糊不清的措辞可能会使读者迷失在文章中。将长句分解成更短的句子，并使用明确的词汇，能够提高文章的可读性。修订时，要留意是否有地方可以用更简练和清晰的语言表达观点。

⑤回应审稿人的疑虑。修订时，要尽量考虑审稿人可能的疑虑或问题，并在文章中作出合理的解释。这有助于确保观点能够被理解和接受。对于专业术语，可以提供简明的定义或背景信息，使读者更容易跟上思路。

⑥审慎使用修辞手法。虽然修辞手法可以使文章更生动有趣，但过度使用或使用不当可能导致混淆。修订时，要确保修辞手法不影响文章的主旨，而是为文章增色添彩。

9.4.3 返稿需要准备的文件

（1）手稿。

修正后提交的版本是整个返稿过程的基础。手稿中应包括作者的主要观点、实验结果和结论等内容。

（2）高亮版的手稿。

在手稿的基础上，使用高亮或标记方式标示出所有修改，让审稿人快速识别作者的修改和建议。

（3）投稿信（Cover Letter）。

作者还需要给编辑写一封信，简要介绍手稿的修改，并说明返稿的目的。在信中要强调修订的亮点和改进之处（见图9-16）。

示例：

××××× University

（具体所属单位及单位地址）

Tel: 通信作者电话号码   E-mail: 通信作者邮箱
_____
通信作者姓名身份
_____

Editor   **MM DD, YYYY**
Journal name

Dear Editor:

Re: 论文编号 论文题目
Thank you for your letter of 期刊回信时间. The comments from the reviewers were studied very carefully and the revision of the manuscript was made in accordance with their comments. The WORD files of the revised manuscripts (The final revised manuscript file that does not contain any highlighting or editing marks and a marked copy of the revised manuscript that shows changes made on revision clearly highlighted) are attached for your further consideration. For your convenience in identifying clearly the revisions made, a separate response to all the comments of the reviewers is appended to this letter.

The comments and suggestions from the reviewers led to a considerable improvement in clarifying the vague points in the original manuscript. It is hoped that the revised version will meet your requirements. Thank you very much in advance for your consideration of this manuscript. All future correspondence should be addressed to:

    Dr. 通信作者姓名
    通信作者职称
    所属单位
    单位地址
    E-mail: 通信作者邮箱
    Phone: 通信作者电话号码

Sincerely yours,

Dr. 通信作者
通信作者职称

图9-16 Cover Letter示例

（4）给编辑与审稿人的回复信。

回复信中要对编辑和审稿人提出的每一项建议作出回应。要清楚地说明作者的修改理由和具体操作。

（5）补充信息（Supplementary Information）。

如果手稿中包含补充信息，确保提供清晰、完整的 SI 文件。包括额外的数据、图表或方法，以支持正文中的内容。

（6）图片与视频。

如果手稿中包含图片或视频，确保提供高分辨率的文件。检查图像的质量，以确保它们清晰可见，视频应具备流畅播放的特性，单独放置到文件夹中。

（7）其他文件。

如果在返稿过程中涉及额外的实验数据、计算代码、模型参数等其他文件，要确保将它们也包含在内。

9.5 最后出版

9.5.1 出版流程和版权协议

出版流程涉及几个关键步骤。通常需要签署版权协议，授予期刊发表和分发该作品的权利。这份法律文件概述了期刊可以使用内容的条款，保护作者和期刊的权利。出版团队管理此过程，确保符合道德和法律标准。

9.5.2 制作最终稿

为作者提供最终稿件格式的准则。包括有关字体样式、大小和布局规范的详细信息。根据期刊的样式，图表将被整合到稿件中，注意确保引用格式正确。

9.5.3 期刊发布和索引

一旦最终稿件经过作者的校对，期刊将继续进行出版流程。这包括将稿件分配到期刊特定的卷、期，进行最终审查，并在线出版或印刷出版等。同时，努力确保稿件在相关数据库中被索引，增强其在学术界的可见性和可访问性。

9.5.4　作者费用和开放获取选项

许多期刊都有相关的发表费用需要作者支付。这些费用用于覆盖与出版过程相关的成本，包括编辑、制作和分发。期刊可能提供不同的开放获取选项，允许作者选择论文以何种方式呈现给读者。作者需要考虑自身因素，选择是开放获取（Open Access）还是订阅获取（Subscribe）。

9.6　本章小结

本章系统探讨了研究论文从选定期刊到最终发表的完整流程，通过对投稿过程的详尽介绍，致力于帮助作者更好地理解和应对发表过程中的挑战，从而为其研究的广泛传播奠定坚实基础。

参考文献

[1] 贝尔彻.学术期刊论文写作必修课[M].孙众,温治顺,译.北京:教育科学出版社,2014.

[2] 吴立恭,郭长军.科技论文的写作技巧[M].哈尔滨:哈尔滨工业大学出版社,1997.

第10章　常见的问题与注意事项

10.1　选题常见问题

（1）选题过大或过小。选题过大可能导致研究过于广泛，难以深入挖掘关键问题，同时难以在有限的时间和资源内完成；而选题过小则可能限制研究的广度，无法为学术领域提供足够的新见解。在选题时应当明确定义研究的范围，不能过大或过小，确保研究问题具有足够的深度。一个合适的选题应当具备足够的广度和深度，既能涵盖相关方面的重要内容，又能深入挖掘某一方面的关键问题。

（2）选题缺乏创新性。创新性选题是学术研究成功的基石，缺乏创新性是论文选题中普遍存在的问题，这一状况可能导致研究的滞后，因为过于常规和已有的选题往往难以为学术社区提供新的、具有独创性的观点。在论文选题时，一些研究者可能倾向于传统的研究方向，未关注尚未被深入研究的领域或未充分挑战现有理论框架。而具有创新性的课题能够为学术研究注入新的思想和观点，推动领域的发展。研究者应当关注前沿问题，提出独特的研究假设或视角，以突破传统的研究框架，为学术界提供新的见解和解决方案。

（3）选题缺乏可行性。选题还须全面考虑所选择课题方向的可行性，以及当前的研究条件是否足以支持实现研究目标。选题的确定不能脱离实际现状，否则将难以取得预期的研究效果，甚至可能无法进行实际的研究工作。因此需要在选题过程中审慎评估研究所需的资源、技术及相关领域的现有知识，以确保选定的课题既具备实践可能性，又符合可行性的基本要求。

10.2　标题常见问题

（1）标题过长或过短。学术论文的标题应该具备简洁明确的特点，避免过长或过短的极端情况。一个恰当的标题应当能够在简短的字数内精准地反映出文章的主要内容或研究问题。过长的标题可能导致读者阅读时难以把握核心信息，而过短的标题则可能无法充分概括研究的广度与深度。因此，论文标题的撰写需要谨慎选择词语，确保其既能够准确传达研究的核心主题，又不至于让读者感到冗长或模糊。一个恰到好处的标题能够为读者提供清晰的导向，激发读者的兴趣，使其更愿意深入了解论文的内容。

（2）标题与正文不符。标题应与文章内容密切相关。标题应该简短而精练，能够准确反映论文的核心内容，既有外延又有内涵。如果简短的标题无法充分概括论文的内容，或者无法反映其属于系列研究的性质，那么可以采用正标题和副标题的方式来解决这一问题。正标题应当简明扼要，捕捉论文的主题，而副标题通过补充、延伸或限定的方式提供额外的信息。这种组合使得读者能够更全面地了解论文的内容，使读者对论文的外延和内涵有清晰而全面的认识。同时标题应当能够有效地向读者传达文章的主题和内容，其中应包含关键性的信息，以确保读者能够清晰地了解文章的核心主旨。一个优秀的学术论文标题不仅是简单的命名，更是一种精心设计的工具，通过简明扼要地反映研究的焦点，使读者在阅读之前就能够预判到文章的主要观点和贡献。

（3）标题使用了不常见的缩略语、字符代号和公式。在学术论文中，最好避免采用不常见的缩写、字符代号或者专业公式作为标题的构成要素。这是因为这些缩写或符号可能不被广泛了解或熟知，可能导致读者误解或困惑，应该采用通用、被普遍了解的词语和短语，以确保广泛的读者群能够快速了解论文的核心主题。使用专业领域内广为人知的术语是可以接受的，但是应该尽量避免过于专业化或狭窄领域内的特定术语。

（4）标题不符合学术规范。在标题的选择过程中，应避免使用不恰当的词汇或表述，切勿夸大或虚构描述。学术论文标题必须切合学术论文的命名规范，避免过于生动的措辞引人注目，同时不应采用俚语或口语短语。应该注重突出学术性和规范性，确保标题更贴近研究的实质。

10.3　摘要常见问题

（1）摘要逻辑混乱和结构散乱。摘要是对整篇论文的简短总结，概括了研究的目的、方法、主要结果和结论[1]。通过摘要，读者能够迅速了解论文的核心内容。摘要在内容上应详细说明论文的研究目的及重要性，阐述所采用的研究方法，概括研究的主要内容，以及总结获得的基本结论或研究成果。在呈现这些信息时，需要特别强调论文的创造性成果和新见解，突出研究的独特性。在语言方面，摘要应力求精练、准确，以确保清晰传达研究的要点。通过明确地呈现这些关键信息，摘要旨在为读者提供一个迅速了解论文核心内容和贡献的快捷途径，使其能够在有限的时间内获取研究的关键信息。

（2）摘要背景介绍过多。有些作者在编写摘要时，可能由于缺乏经验，不知道如何在摘要中有效地传达研究的关键信息，或因未明确摘要的写作目标，导致过于注重提供研究的背景信息，而对正文部分的介绍相对较少。这导致摘要在很大程度上成为对研究领域的广泛概括，而没有清晰地突出研究的具体内容、方法和关键结果。读者在阅读这样的摘要时，往往会在理解研究的核心目的时遇到困难，因为关键信息未能交代清楚。所以在写摘要之前，作者应明确写作目标，并且在有限的字数内突出研究的主要内容、方法和关键发现。将摘要分为背景介绍、方法、结果和结论等部分，让每部分都得到适当的关注，这有助于读者更容易捕捉研究的整体框架。

（3）没有提出拟解决的问题。摘要的主要目的是概括研究的目标、方法和结果。如果没有明确定义要解决的问题，摘要可能会失去焦点，不能更好、更准确地传达研究的核心内容。缺少明确的问题陈述可能会导致读者困惑。读者可能会迷失在摘要的信息中，不清楚研究的目的和意义是什么，所以作者应该明确界定研究要解决的问题。在介绍问题的同时，作者应该强调该问题的重要性和研究的意义，这可以吸引读者的注意力，并让他们了解研究的动机。

（4）内容概括不全面。不全面的内容概括经常会导致遗漏关键的研究内容，使读者不能全面了解研究的背景、目的、方法和主要发现，并且可能会让读者无法准确评估研究的质量和重要性。每个关键研究都需要得到适当的强调。例如，概括方法时，提供足够的信息，使读者能够理解研究是如何进行的；概括结果时，列举出最重要的研究发现，要涵盖关键数据和结论。

10.4　正文常见问题

（1）正文结构不清晰和逻辑混乱。正文部分要求层次分明、脉络清晰，合乎逻辑。每个段落围绕特定的主题或论点展开，避免信息杂乱或离题，这样文章才能有清晰的结构。保持文章整体逻辑的清晰性，确保每一部分内容都与论文的中心议题密切相关。良好的段落过渡是确保文章连贯性的关键，这有助于读者更好地理解论文的发展脉络。并且应该选择简洁明了的表达方式，避免过度依赖领域内的专有词汇。采用通用的、易于理解的语言，确保文章的可读性，可以使读者更容易掌握文章的核心内容，而不会因过多的技术术语而感到困惑。

（2）层次序号全文不一致。正文的段落应根据论文的性质和内容合理安排，以确保层次分明。在组织正文结构时，需要细致考虑各个部分的关联性和逻辑性，使得整篇论文呈现出紧密相连、有机衔接的结构。在标注层次序号时，应确保全文中的编号体系一致，这能使读者更流畅地理解作者的思路和研究过程。

（3）序号、百分数使用不正确。小标题的序号一般按"1."、"（1）"、"一"、"（一）"、"（1、1.1、1.1.1……）"、"第一"或"首先"进行排序和编写。编号时，注意"一"后加"、"号，"1"后加"."号。对于"（一）"、"（1）"，不需要添加任何标点。根据文章的需要可以适当增加或者减少序号的使用。百分数一般不写文字，而是写百分符号，例如不用"百分之十"而是用"10%"。

（4）图和表没有注明序号和名称。对于插入的图表，需要为它们添加序号和相应的名称。图表的序号通常以阿拉伯数字表示，便于读者准确定位和引用。此外，每个图和表的名称应该清晰、简明地描述其内容，以确保读者能够迅速理解图表的主题或信息。这样的标号和命名规范不仅有助于提升论文的整体组织结构，也使读者能够更有效地阅读、理解和引用论文中的图表数据。其中图的名称与图的序号通常一同排列在图的下方，而表的名称与表的序号通常一同排列在表的上方。在图中存在分图的情况下，每个分图的号码可以用小写字母［如（a）、（b）］标识，并置于相应分图的下方。

（5）公式问题。行内公式与周围文本不协调，会导致页面混乱或难以阅读。这种不协调可能表现为行内公式过大、过小或与相邻文字垂直对齐不当[2]。通过适当减小或增大字号，或者调整公式的布局，可以让其与正常文本相符合。前后行距、左右两边间距过大会使公式与周围文本之间出现过度空白，影响文章的整体性。符号使用错误可能包括选用了在特定学科领域中不被认可的符号，或者在相同领域内混淆了相似但具有不同含义的符号，以及运算符丢失、运算符顺序出现问题等，因此作者在论文中使用符号时应严格按照学科规范和相关文献的约定。

（6）缺乏证据支持和分析。在文章的创作过程中，常常存在一个普遍的问题，即过度依赖描述性的陈述，而缺乏足够的证据支持深入的分析。这种情况可能导致论文表面化，无法为所陈述的观点提供充分的佐证，也未能对论题进行深刻的剖析。要避免简单地陈述观点，需要深入引用专家观点、实证研究和相关数据来有力支持作者的论点。同时，不能仅罗列事实，还应该展现批判性思考的能力，对证据进行深入分析，凸显自己的独立见解。

（7）介绍实验过程过于简单。实验结果会受到许多因素的影响，其中原材料的选取、设备及其型号的使用、工艺参数的精确控制、试样的制备方法，以及检测方法和仪器的准确性都至关重要[3]。即使是微小的偏差都可能引起实验结果的显著差异。而许多作者会忽视介绍实验的过程，没有对以上因素进行详细描述，这样会降低论文的可靠性。实验数据也应当避免使用如大概、大约、一点等这样的模糊词语。为了保证实验数据的可靠性，需要对实验过程进行充分而清晰的描述，让读者全面了解实验的步骤和操作过程。

10.5　参考文献常见问题

（1）参考文献数量过少。参考文献数量过少和缺少外文文献会导致文献缺乏全面性。为了丰富论文的文献支持、内容深度和前沿性，需要进一步广泛查阅相关文献，以增加必要的参考文献数量。通过深入研究和搜集更多的可靠文献资料，可以为论文提供更全面、更多样化的观点和信息来源，从而加强论文的论证支持和学术可信度。

（2）引用过时文献。为确保论文的时效性和学术质量，作者应尽可能引用最新的研究成果和观点。过多使用过时的文献可能导致对研究领域最新进展的忽视，阻碍读者对当前知识状况的准确理解。深入挖掘并引用最新的研究文献，能更全面地反映学术领域的演变。使用最新文献不仅能够提升研究的科学性和可信度，还能够帮助读者准确把握当前研究领域的动态。但这并不意味着不能引用时间较久的文献，如果有必要，可以引用时间较久的文献。

（3）错误的引用。在引用文献、资料及其他人观点的时候，必须注明出处，并且引用的论点必须准确无误，不得曲解或修改原作者的观点。论文作者在使用他人观点时，应当尊重原作者的表达，避免对其观点进行不当的变更或歪曲。引文的使用应当忠实原文，以维护学术诚信和知识传递的透明性。为了确保引用的正确性，每次引用都应明确标注详细的引用信息，包括作者姓名、文献名称、出版期刊、出版年份、卷（期）及具体页码等。这样的标注不仅有助于读者追溯引用的来源，也是对原作者和原文的尊重。

（4）参考文献的格式。在写作与编辑的过程中，也常出现引用的内容与标注的参考文献不对应的情况。例如，文内参考文献序号与文后参考文献不符、文内作者名与参考文献不符等，甚至有时会漏写、少写作者以及写错作者姓名[4]。引用连续出版物时，会出现刊名错误、刊名不全等情况，尤其是忽略了出版年、卷（期）等[5]信息。

10.6　本章小结

　　本章从选题、标题、摘要、正文及参考文献五个方面介绍了论文写作中常出现的问题以及注意事项。注意到这些在写作中常遇到的问题，是进一步提高论文的质量和影响力不可或缺的一部分。

参考文献

［1］王振德.学术论文摘要写作中常见问题与写作建议［J］.新闻研究导刊，2020,11(12):193-194.

［2］马艳萍,杨凤霞.学术论文写作中的常见问题和注意事项探究:以数学类学术论文为例［J］.新闻研究导刊,2021,12(21):66-69.

［3］张春艳,赵亚芳.英文科技论文写作要点及常见问题［J］.铸造,2021,70(8):1001-1005.

［4］杨克魁,姚亚楠.生物医学期刊参考文献引用及其标注中学术失范的分析［J］.中国科技期刊研究,2012,23(3):415-418.

［5］周红云.科技论文来稿中参考文献著录格式存在的问题及解决方案［J］.云南大学学报(自然科学版),2011,33(增刊2):63-64.